KB117176

곽금주 교수의
콤플렉스 심리학

곽금주 교수의 콤플렉스 심리학

1판 1쇄 인쇄 2023. 12. 14.
1판 1쇄 발행 2023. 12. 21.

지은이 곽금주

발행인 고세규
편집 심성미 디자인 유향주 마케팅 백선미 홍보 이한솔
발행처 김영사
등록 1979년 5월 17일(제406-2003-036호)
주소 경기도 파주시 문발로 197(문발동) 우편번호 10881
전화 마케팅부 031)955-3100, 편집부 031)955-3200 | 팩스 031)955-3111

값은 뒤표지에 있습니다.
ISBN 978-89-349-6512-1 (03180)

좋은 독자가 좋은 책을 만듭니다.
김영사는 독자 여러분의 의견에 항상 귀 기울이고 있습니다.

홈페이지 www.gimmyoung.com   블로그 blog.naver.com/gybook
인스타그램 instagram.com/gimmyoung   이메일 bestbook@gimmyoung.com

곽금주 교수의
콤플렉스 심리학

김영사

차례

제3부 나를 지지하는 힘은 무엇인가
실수를 만회하게 도와주는 콤플렉스

분석심리학자 카를 융은 사람들의 무의식을 탐색하기 위한 단어 연상 실험을 진행하면서 매우 흥미로운 점을 발견했다. 단어들에 빠르게 반응하는 사람들이 특정 단어에 유독 느리게 반응했던 것이다. 그 단어와 관련된 무언가를 떠올리거나 혹은 숨기기 위해서였을 수 있다. 확실한 건 사람들이 스스로도 알아차리지 못했다는 것이다. 본인은 비록 의식하지 못했지만 반응 속도로 특정 단어에 대한 중요도를 짐작할 수 있다.

콤플렉스도 마찬가지이다. 자신도 모르는 사이에 자신에게 지대한 영향을 미친다. 특정 콤플렉스 성향 때문에 생전 안 하던 실수를 할 수도, 상황에 맞지 않는 나쁜 판단을 할 수도, 상대방이 이해할 수 없는 말을 내뱉을 수도 있다. 어린 시절의 양육 환경과 발달 과정에서 형성된 콤플렉스는 성인기의 경험으로 강화되기도 하고 성인이 되어서 겪은 충격적인 사건이 새로운 콤플렉스를 만들기도 한다. 때때로 콤플렉스는 한 사람의 성격의 일부가 되어 나는 원래 이런 사람이고 너는 원래 그런 사람이라고 생각하고 지나쳐버리기도 한다.

그러나 모두가 편한 분위기에서 나 혼자 불안해하고 모두가 불편한 상황에서 그 사람 혼자 웃는 일이 반복되면 좋은 인간관계를 형성하기도 어렵고 어떤 상황에서 실언을 하고 실수를 하는지 알지 못하면 일에서도 좋은 성과를 내기 어렵다. 가만히 들여다보면 다 이유가 있다.

이 책에서는 우리도 모르게 우리를 지배하는 콤플렉스에 대해 이야기한다. 외부의 원인을 모두 제거했는데도 여전히 문제가 지속된다면 자신과 타인의 마음을 들여다봐야 한다. 당신을 힘들게 하는 일이 그 일 때문이 아니라 자신 때문이라면? 당신을 고통스럽게 하는 사람이 실은 콤플렉스 덩어리라면?

콤플렉스를 이해하는 것은 자신을 치유하는 출발점이자 타인과 공감할 수 있는 토대가 된다. 이 책을 한 장 한 장 넘기면서 자신에게 깃든 콤플렉스가 무엇인지 찾고, 마냥 힘들어하지만 말고 극복할 계기를 찾아 스스로 치유할 수 있기를 바란다.

곽금주

제1부

나는 노력하는 힘이 얼마나 강한가

단단한 성취를 자극하는 콤플렉스

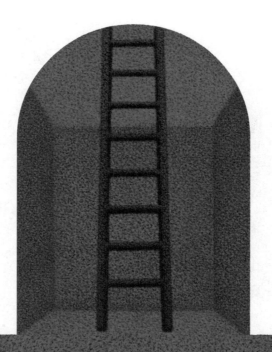

1

복종하지 않고
창조하고자 하는
열망

프로메테우스 콤플렉스
Prometheus Complex

지적·창조적 열망으로 금지된 것을 탐한다. 그 덕분에 우리 삶은 한층 풍요로워

진다. 하지만 불을 인류에게 제공하고 그 대가로 독수리에게 자신의 간을 내어준

프로메테우스처럼, 통제되지 않는 핵과 인공지능은 어쩌면 인류를 파멸로 몰고

갈지도 모른다.

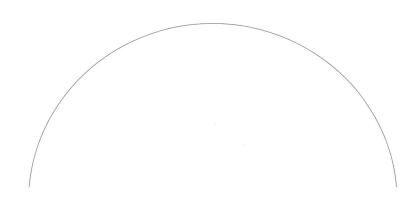

재앙과 행운의 불씨

영국의 소설가이자 극작가인 메리 셸리가 쓴《프랑켄슈타인》
1931년에 미국에서 〈프랑켄슈타인〉이란 영화로 제작돼 세계적
으로 알려진 작품이다. 프랑켄슈타인은 잉골슈타트대학교에서
철학과 화학을 공부하다가 생명의 비밀을 발견하고자 하는 욕망
에 휩싸인다. 몇 년간의 연구 끝에 그는 마침내 방법을 찾았다고
확신하고, 생명을 탄생시키고 싶다는 욕심에 인간의 신체 부분
들을 조합하기에 이른다. 그러나 프랑켄슈타인은 자신의 피조물
이 괴물이라는 것을 깨닫고 당황해 고향으로 돌아가려 하고, 괴
물은 집을 뛰쳐나간다.

이내 괴물은 프랑켄슈타인의 동생을 살해하고, 동생의 보모는 살인 누명을 뒤집어쓰고 교수형에 처해진다. 버려진 데 대해 괴물이 복수를 한 것이다. 프랑켄슈타인은 자신이 무슨 짓을 했는지 비로소 깨달았지만 이미 일은 벌어진 후였다. 사태를 해결하기 위해 괴물의 소원대로 여자 피조물을 만들지만, 괴물의 사악한 웃음을 보고 고민 끝에 이를 파괴하고 만다. 분노한 괴물은 프랑켄슈타인의 신부와 친구를 죽이고, 프랑켄슈타인은 복수심에 불타 괴물을 찾아 나섰지만 결국 죽음을 맞이한다.

죽음 직전에 프랑켄슈타인 앞에 모습을 드러낸 괴물은 자신의 외로움, 슬픔, 증오심을 회상하며 창조자가 죽었으니 자신도 고통을 끝낼 수 있다고 말하며 떠난다. 작가 메리 셸리는 이 비극적인 소설의 부제를 '근대의 프로메테우스'라고 달았다.

그리스 신화에서 프로메테우스는 제우스를 도와 크로노스를 몰아내는 데 공을 세운 거인으로 나온다. 헤시오도스의 〈신통기 Theogony〉의 일부분으로, 아이스킬로스의 〈사슬에 묶인 프로메테우스Prometheus Bound〉로 각색되기도 했다.

아이스킬로스의 프로메테우스는 이성적 영웅이자 과학의 발명가로 그려진다. 프로메테우스 이전의 인간들은 무질서와 혼돈 상태였으며 문명이랄 게 없이 햇빛도 들지 않는 동굴 깊숙한 곳에서 개미처럼 살았다. 프로메테우스가 학문을 가르치면서 인간은 이성을 가지게 되고, 발명하고, 예술을 창조하기 시작했다는 것이다. 그 핵심 매개체는 잘 알다시피 '불'이다.

어느 날 프로메테우스는 강가에 있다가 움직이는 진흙을 발견하고 자신의 모습을 본떠 빚은 다음 생명을 불어넣어 인간들을 창조한다. 프로메테우스는 자신의 피조물인 인간을 사랑하여 신들에게만 허락된 불을 인간에게 가져다준다. 프로메테우스 덕분에 인간은 몸을 따뜻하게 하고, 요리를 하고, 무기를 만들 수 있게 되었다.

프로메테우스의 행동은 제우스의 화를 샀고, 제우스는 인간에게서 불을 빼앗아갔다. 하지만 프로메테우스는 제우스 몰래 회향나무 줄기에 태양의 불씨를 붙여서 인간에게 나누어준다. 이에 제우스는 프로메테우스를 산 절벽에 결박하고 독수리가 그의 간을 쪼아먹게 하는 형벌을 받게 한다.

불이라는 지식을 탐구한 프로메테우스

프로메테우스의 드라마틱한 이야기만큼이나 프로메테우스 콤플렉스는 다양하게 해석된다. 라인힐트 횔터는 프로메테우스가 오랜 시간 독수리에게 간을 쪼이는 고문을 받은 것에 빗대어, 정치적 이유로 수용되고 고문을 받는 사람들이 경험하는 병리적 트라우마를 '프로메테우스 콤플렉스'라 불렀다. 그러나 가장 많이 활용되는 의미는 프랑스 철학자 가스통 바슐라르의 정의다. 바슐라르는 그의 저서 《불의 정신분석》에서 프로메테우스 콤플렉스를 "지적인 삶에서의 오이디푸스 콤플렉스"라 언급했다.

이 말은 무슨 뜻인가? 인간은 성적 본능에 의해서만 움직이는 것이 아니라 알고 싶어 하는, 지성에의 의지will to intellectuality로 움직인다는 것이다. 그는 프로메테우스가 제우스를 거역하고 인간에게 금지된 불을 가져다주었던 것에 초점을 맞추었다. 프로메테우스 콤플렉스를 "우리의 아버지, 우리의 스승만큼 혹은 그들 이상으로 지식을 추구하는 성향"이라고 말이다. 이런 점에서 바슐라르는 프로메테우스 콤플렉스를 오이디푸스 콤플렉스에 대비되는 개념으로 사용한다.

오스트리아의 정신분석가 오토 랑크도 마찬가지다. 오이디푸스 콤플렉스는 부모와의 동일시identification를 통한 소극적이고 순종적인 적응을 뜻한다. 반면, 프로메테우스 콤플렉스는 투사 projection를 통한 보다 적극적이고 지배적인 창조성을 의미한다는 것이다. 프로메테우스 콤플렉스는 단순히 부모처럼 되고 싶은 욕구가 아니라 창조하고자 하는 열망의 상징이며, 개인 안에서 창조적으로 생겨난다는 것이다.

바슐라르의 프로메테우스 콤플렉스는 지식이 발견되고, 학습되고, 창조되는 방법에 대한 하나의 심리학적 가설이다. 그는 어린아이들에게 처음 프로메테우스 콤플렉스가 발달된다고 했다.

이는 아이들에게 금지된 부모의 도구를 사용하고자 하는 욕구로 표현되는데, 대표적인 것이 바로 '불'이다.

아이는 난로 안에 있는 불을 매우 강력한 존재로 생각하고, 어른들만 다루는 불이 자신들에게 주체성을 줄 수 있을 것이라 여긴다. 아이는 단순히 부모가 가지고 있는 것을 원하는 것이 아니라, 자신을 부모처럼 강하게 만들어줄 수 있는 것을 원한다. 그런 의미에서 불은 아이에게 '힘'을 주는 존재다.

하지만 아이가 불에 손을 가까이 가져가면 아버지가 아이의 손을 쳐서 금지시킨다. 아이에게 불은 금지의 대상이다. 아버지처럼 되고 싶은 아이들에게, 불은 교묘한 불복종의 매개물이 된다. 그래서 아버지 몰래 성냥을 훔치고 친구들과 함께 으슥한 곳에 모여 불장난을 한다. 아버지만큼, 또는 아버지보다 더 훌륭한 존재가 되고 싶은 욕구가 표현된 것이라 하겠다.

바슐라르는 당대의 지식인들을 가리켜 "모든 지식인들은 프로메테우스의 한 면 또는 다른 면을 반영하며 그들의 생각을 체화한다. 모두에게 그들만의 프로메테우스가 있다"고 했다.

신화 속에서 제우스는 전지전능하고 위대한 신으로 나오는 반면, 프로메테우스는 그런 신들을 속이고 대항하며 인류에게 도움을 주는 조력자로 그려진다. 이처럼 프로메테우스 콤플렉스에는 자신의 아버지를 뛰어넘고자 하는 열망을 넘어 어떠한 권위도 부정하고, 신을 거역하고, 그들의 불 또는 창조력을 빼앗고자 하는 열망이 담겨 있다.

프로메테우스 이야기에서 가장 큰 초점은 '불복종'이다. 불복종의 역동은 모든 지식에 활력을 준다. 프로메테우스가 제우스에게 불복종함으로써 인간에게 불이 전파돼 인간의 삶이 획기적으로 나아졌던 것처럼, 우리는 역사의 매 순간 혁명적 변화를 통해 뛰어난 지식을 얻고 발전해올 수 있었다.

신의 시대에 이단 혐의를 받으면서도 자신의 지식을 포기하지 않았던 갈릴레이. 그는 당대의 주류 가치관이자 지식체계였던 가톨릭 교회의 교리와 아리스토텔레스의 학문에 갇혀 있으려 하지 않았다. 그는 망원경을 발명하고 모든 행성은 태양을 중심으로 돈다는 코페르니쿠스설을 주장해 가톨릭 교회의 교리에 도전했다. 그는 학생들에게 코페르니쿠스설이 성서의 위배되지 않는다는 편지를 써서 종교재판에 회부되기도 했다. 이단으로 유죄 선고를 받아 평생 가택연금에 처해졌지만 이에 굴하지 않고 저술활동을 활발히 이어갔다.

1642년 그가 세상을 떠날 시점에는 교회도 과학 이론을 부인할 수 없게 되었다. 마침내 1758년, 교회는 코페르니쿠스설 금지령을 거두었고, 1835년에는 태양중심설에 반대하는 주장을 멈추었다. 그가 사망한 지 300년이 지난 20세기에는 여러 교황들이 갈릴레이의 업적을 인정하기에 이르렀다. 지식에 대한 그의 열망은 프로메테우스가 불을 훔치면서까지 인류에 도움을 주고자 하는 모습과 비슷하지 않은가?

창조의 학문, 연금술

"인간이 바로 신이다"라는 구절이 연금술의 금언에 있다. 연금술의 어원은 "이집트인에게 주는 신의 창조물"이라고 한다. 창조의 신이 되고자 했던 과학자들의 학문이 연금술이다. 즉, 연금술은 창조의 학문이다.

연금술은 근대 과학이 발달하기 전, 값싼 금속인 납을 금으로 만들 수 있다는 생각에서 출발했다. 금과 같은 귀금속뿐 아니라 늙지 않는 영약을 제조하려는 연구이다. 연금술의 영향력은 컸다. 유럽뿐만 아니라 아시아 지역에까지 영향을 끼쳤으며, 고대 이집트와 그리스 로마 시대부터 중세 유럽 시대까지 약 2,500여 년 동안 성행했다.

결국 연금술은 인간의 잠재력을 끌어내 신성화하는 계몽인 것이다. 신이 되어 새로운 창조물을 만들고, 성질을 변화시킬 수 있다는 열망은 프로메테우스 콤플렉스의 대표적인 예시로 볼 수 있다. 금단의 분야를 알고 싶어 하고, 실존하는 지식 그 이상을 알고자 하는 의지는 전형적인 프로메테우스 콤플렉스의 성향이다.

하지만 바슐라르의 말처럼 프로메테우스 콤플렉스에는 긍정적인 것만큼 부정적인 면이 공존한다. 프로메테우스가 제우스를 거역한 대가로 매일 간을 쪼아 먹히는 끔찍한 벌을 받았던 것처럼, 지식에의 끝없는 열망이 때로는 탐욕이 되어 자신을 옭아매는 결과를 낳기도 한다.

젊고 유능한 프랑켄슈타인 역시 숨겨진 지식, 생명의 비밀을 알아냄으로써 인류에게 기여하고자 했다. 하지만 그의 욕망은 예상치 못한 괴물을 창조하게 되었다. 프로메테우스가 인간에게 가져다준 불이 평상시에는 유용하지만 통제되지 않을 경우 파괴적인 무기가 될 수 있는 것처럼, 프랑켄슈타인의 괴물도 버려지자 자신의 창조자를 파괴하는 결과를 낳고 말았다.

이와 같이 프로메테우스 콤플렉스는 처음에는 순수한 의도로 권위와 제약을 뛰어넘고 지식을 추구하지만, 지식이 올바로 사용되지 않았을 때 자칫 그 자신을 구속하는 불행으로 이어진다는 것을 보여준다. 이런 면에서 바슐라르는 프로이트와 달리 콤플렉스에 긍정적·부정적 가능성이 모두 있다고 보았다.

안드레이 드미트리예비치 사하로프는 소련 최초로 수소폭탄을 발명한 핵물리학자이다. 수소폭탄은 원자폭탄보다 더 큰 위력을 가진, 인류를 위협할 수 있는 무기이기 때문에 실제로 사용된 적은 없다. 사하로프가 개발한 수소폭탄 실험이 처음 진행되었을 때, 반경 4킬로미터 내의 모든 전투기, 대포, 무기, 심지어 건물과 동식물은 흔적도 없이 사라졌다고 한다. 실험 이후 수소폭탄의 파장은 지구를 세 바퀴 반이나 돌았다.

　사하로프는 수소폭탄의 위력을 체감하고 자신의 발명품이 얼마나 많은 생명을 앗아갈 수 있는지 상상하며 괴로워했다. 그는 핵무기 사용 반체제를 주장하기 시작했으며, 공개 석상에서 소련 정부를 대상으로 이를 사용하면 안 된다고 발언하기도 했다.

　자국을 보호하기 위해 위력이 더 큰 무기를 발명하고 싶었던 욕구와, 자신의 전문 지식이 잘못된 방향으로 사용되었을 때 얼마나 끔찍한 결과를 초래할 수 있는지 사하로프는 깨달은 것이다. 프랑켄슈타인이 인간을 살해하는 괴물을 보고서 탄식하고 후회한 것처럼 사하로프 또한 자신이 발명한 창조물에 압도당하고 말았다.

인공지능, 프랑켄슈타인의 새로운 괴물

2016년 알파고가 이세돌을 바둑으로 이겼을 때, 인간이 창조한 인공지능과 인간의 대결에서 인간은 완패했다. 세계적인 챔피언 인간인 이세돌의 수많은 경험보다 빅데이터를 축적한 딥러닝 프로그램인 알파고가 더 뛰어나게 상황을 분석하고 예측한 것이다. 알파고는 인공지능이 인간의 지능을 뛰어넘을 수 있다는 사실을 증명한 것이며 이는 인간만이 학습하고 성장할 수 있다고 믿었던 과거의 인식을 확실하게 깨뜨리는 결과였다.

알파고가 인간을 이기는 경기를 본 후 사람들은 인공지능에 대해 소름이 돋았다고들 했다. 마치 괴물을 처음 만들고 놀라서 도망친 프랑켄슈타인처럼, 사람들은 인공지능의 존재를 경이롭다고 생각하면서도 한편으로는 두려워하는 것이다.

인공지능은 인간의 삶을 한층 발전시킬 수 있는 유용한 산물이다. 위험한 일을 대신할 수 있으며 인간이 할 수 없는 일까지 해낼 수 있지만, 한편으로는 우려되는 부분도 많다. 인공지능이 무서운 이유는 단순히 학습을 할 수 있는 인간화가 시작했기 때문이 아니다. 인공지능이 무기로 사용되면 참혹한 재앙이 초래할 것이라며 학자들은 우려한다.

테슬라 CEO인 일론 머스크는 물론 많은 과학자가 인공지능이 인류멸망을 초래할 가능성을 가지고 있다고 주장한다. 그럼에도 과학자들은 예측할 수도 없고 감당할 수 없을지도 모르는 인공지능 분야를 끊임없이 더 개발하고 연구하기를 열망한다. 지식과 창조를 열망하는 순수한 의도가 윤리적·도덕적 선을 넘어 버릴 때, 프로메테우스가 매일 간을 뜯기는 것처럼 참혹한 결과로 이어질 수 있다는 것을 명심해야 한다.

때로는 무모한 도전이 필요하다

권위를 넘어선 진리의 추구가 때로 불행한 결과를 낳았다고 해서 무조건 부정적인 것으로 볼 수는 없다. 이런 프로메테우스가 결국 인류를 발전시켰다고도 할 수 있다.

현실세계의 프로메테우스들을 생각해보자. 기존 체제에 그저 순응하는 자는 아닐 것이다. 높은 존재나 권력의 제재나 압박에 도전하고 자신의 믿음을 실현해가는 자가 아닐까 싶다. 자신의 지식과 경험, 신념을 토대로 기존의 체제에 반대함으로써, 현실을 넘어 더 나은 자신과 이상적인 사회를 실현하고자 노력하는 자 말이다. 우리가 누리고 있는 사소한 혜택들도 따지고 보면 이들의 '무모한 도전'에 빚지고 있는 것이라고도 할 수 있다.

프로메테우스의 역할은 무엇이었나. 그리스 신화에서 그는 예지의 신, 심지어 제우스의 앞날까지 볼 수 있는 눈을 가진 자이다. 그런 그가 자신의 운명을 알지 못한 채 불을 훔쳤을 리 만무하다. 불사의 몸이기에 극한의 고통이 죽음으로 끝나지도 않을 것이란 사실도 알았을 것이다.

자신에게 닥칠 운명을 알면서도 기꺼이 감당하고자 했던 것은, 인간에게 지혜를 주고자 하는 열망이 강했기 때문이다. 진리를 추구하는 용기란 이런 것 아닐까. 두렵지 않아서가 아니라, 그럼에도 이것이 중요하고 그래야만 한다는 나름의 굳건한 믿음

말이다.

현재 우리 사회는 어떨까. 지식을 추구하면서 기존의 부조리를 지적하는 열정과 용기가 과연 존재하는가 싶다. 수시로 일어나는 여러 사회 문제를 보면서 조용한 게 좋다고 침묵하는 다수의 전문인들, 괜히 시시비비 가리다가 진흙탕 싸움에 끼어들까 봐 몸 사리는 지식인들을 도처에서 찾아볼 수 있다.

여러 가치관이 존재하는 다양화된 사회를 살아가면서 무엇이 진리인가 하는 의문을 가지고 방황하는 사람들이 더 많다. 이들에게 더 나은 삶과 진정한 가치를 가지도록 자신의 믿음과 지식을 진리를 펼쳐나가야 할 것이다. 기존의 체제나 관례와 불일치되어 사회와 불화하는 한이 있어도 분투해야 하지 않을까 싶다. 인간 본연의 지식에 대한 욕구, 새로운 창조를 향해 나아가는 열정이 더욱 필요한 시점인 것 같다. 프로메테우스 콤플렉스가 아쉬워지는 시대이다.

2

일의
늪에 빠진
중독자

시시포스 콤플렉스
Sisyphos Complex

눈앞에 닥친 결과에만 집중하느라 장기적이고 전략적인 방향을 찾지 못한다. 바쁘게 살아가지만 왜 이 일을 해야 하는지는 알지 못하고 깊은 만족감을 느끼지도 못한다.

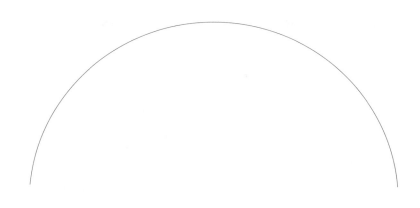

일에 중독된 마녀

영화 〈악마는 프라다를 입는다〉에서 사회 초년생 앤디는 살아 있는 '마녀'를 만난다. 패션에 대해 아무것도 모르는 채 세계적인 패션 잡지사에 취직해 미란다 프리슬리 편집장의 비서로 일하게 된 것이다. 미란다의 별명은 실로 다양해서 '패션계의 마녀' '워커홀릭' '얼음 여왕' '미친 사디스트'로 불린다. 그녀는 '내 말이 곧 법'이라 생각하는 사람, 모든 것이 계획대로 실행되어야 하며 플랜 B 따위는 짜지 않는 완벽주의자이다.

그녀가 출근하는 시간은 전쟁터에서 공습경보가 울린 것과 흡사하다. 비서인 앤디는 폭탄이라도 떨어진 것처럼, 시도 때도 없이 걸려오는 미란다의 전화를 받고 미란다가 시키는 일을 해야 한다. 출근길에는 '크림 뺀 라떼 한 잔과 1센티미터 덜 채운 블랙 커피 세 잔'을 준비해야 하고, 사무실에 출근한 후에 자리를 비워서는 안 되고, 점심식사는 20분 안에 해치워야 하며, 그 밖에 일일이 열거할 수 없는 미란다의 황당한 지시를 수행하기 위해 동분서주한다.

미란다는 파리 패션쇼 참석 도중에 세 번째 남편으로부터 이혼을 통보받는 상황에서도 일을 멈추지 않는다. 이혼 뒤에 따라올 매스컴의 파장을 잠재우기 위한 조치를 하고, 다음 날 열릴 파티에서의 자리 배치를 따지는 데 골몰한다.

처음에는 서툴던 앤디도 미란다와 1년만 일하면 어디든 원하는 잡지사로 갈 수 있다는 선배의 말에 미란다의 충직한 종복이 되기로 결심한다. 어느덧 그녀도 미란다처럼 명품으로 휘감고 상사의 일정에 맞춰 일 중독자가 되어간다.

미란다는 자신의 영역에서 최고가 되고 싶어 하는 사람이다. 이러한 유형의 사람들이 자존심을 높이는 방법은 다른 사람보다 우위에 서고 더 많이 성취하는 것이다. 이를 위해 스스로를 기꺼이 몰아세우고 팀원들에게 자신의 페이스에 맞출 것을 요구한다. 능력 있는 사람만 인정하는 비인간적인 모습을 보이기도 한다.

영화에서 과장되어 표현되긴 했지만 자신의 심리적 안락이나 정신적 행복은 안중에 없이 일밖에 모르는 미란다의 모습은 일상에서도 종종 찾아볼 수 있다. 일을 안 하면 아프다고 말하는 사람들이다. 대표적인 사람들이 주부와 경영자다.

주부는 새벽부터 저녁까지 종종거리며 가족 뒷바라지를 한다. 20년 넘게 그런 생활을 반복하다가 아이들이 독립하면 '빈 둥지 증후군'이 찾아온다. 할 일이 없어진 주부의 상실감이다. 그래서 시름시름 앓거나 '일하듯' 열심히 놀러 다닌다.

경영자도 마찬가지다. 아니, 요즘엔 경영자뿐 아니라 직장인 대다수가 미란다와 앤디처럼 산다. 하루 10시간 넘게 일하고 회사 일 외에는 특별한 취미도 없고 필요로 하지도 않는 사람들, 업무 때문이 아니면 사람 만나는 것도 즐기지 않는 사람들 말이다. 그들은 인생에서 정말 중요한 것들이 무엇인지 간과한 채 일하는 데만 급급하다.

의미 없는 노동이라는 형벌을 받은 시시포스

시시포스는 고대 그리스의 코린토스라는 도시국가를 창건한 왕이었다. 그는 사기꾼 기질이 있어서 신과 사람을 속이는 것으로 유명했다. 시시포스가 분수를 모르고 신들의 일을 엿본다는 사실에 괘씸해하던 제우스는 죽음의 신 타나토스에게 시시포스를 데려갈 것을 명령한다.

하지만 시시포스는 이 사실을 눈치채고 꾀를 내어 타나토스를 도리어 포박해 가두어버린다. 죽음의 신이 갇혀 있는 동안 세상의 질서가 무너지자, 화가 난 제우스는 시시포스에게 커다란 바위를 정상으로 밀어 올리는 형벌을 내린다.

시시포스가 거대한 돌덩어리를 두 손과 두 발로 버티며 밀어 올려 정상에 다다를 즈음이면 돌덩어리는 다시 아래로 굴러떨어진다. 밀어 올리기를 끊임없이 되풀이해야만 한다. 아무리 노력해도 뚜렷한 성과가 없는 일을 반복적으로 계속해야 하는 형벌이었다.

신들은 의미 없고 희망도 없는 일을 반복하는 것이 인간에게 가장 큰 형벌이라고 믿었다. 시시포스는 같은 일을 계속 되풀이함으로써 비생산적인 삶을 살게 되었다. 문제는 반복 그 자체가 아니라 자신의 모든 수고가 헛되다는 것을 깨달았다는 것이다. 이는 삶에서 목적이 없다는 깨달음이기도 하다.

눈앞의 일만 처리하면서 잃어버리는 것들

1960년대 정신신체의학의 선구자라 불리는 오클라호마대학교의 스튜어트 울프 교수는 심장병과 심리학적 요인들의 관계를 연구하면서 '시시포스 콤플렉스'라는 용어를 명명했다. 그는 시시포스 콤플렉스를 "끊임없이 노력하고 고군분투하지만 만족과 기쁨 없이 살아가는 것"으로 정의하면서, 이런 사람들이 동맥경화증 같은 질환에 더 잘 걸린다고 했다.

프랑스 인시아드경영대학원의 맨프리드 케츠 드 브리스 교수는 시시포스 성향의 사람을 '시지피안Sisyphean'이라 명명했다. "더 큰 의미나 목적 없이 단기적인 일들을 바쁘게 수행하며 살아가는 사람들"이라 지칭했다. 그들의 가장 큰 특성은 눈앞에 닥친 결과에만 집중하느라 장기적 발전에는 소홀히 한다는 것이다. 스스로를 돌아볼 시간이 없기 때문에 장기적이고 전략적인 방향을 찾지 못한다. 계속해서 바쁘게 살아가지만 왜 이 일을 해야 하는지는 알지 못한다. 새로운 목표와 과제를 회피하지 않고 도전해서 성공하곤 하지만 자신만의 의미를 설정하지 못하고 결과적으로 깊은 만족감을 느끼지도 못한다.

시시포스 콤플렉스를 가진 사람이 고위직에 오르면 직원들에게도 이런 정서가 강요된다. 즉 단기적 성공만을 바라게 되어 넓은 시야를 잃게 되고, 결과에 급급하다 윤리적이고 사회적인 가치를 무시할 수 있다. 생각 없이 도전만 하다간 지나치게 경쟁적인 환경이 조성되고, 일을 효율적으로 하기보다는 많이 하기만을 강요하게 된다.

결국 조직 전체가 일만 하느라 개인의 삶을 방관하게 되고, 개인의 삶이 무너져 불안해질수록 더 열심히 더 많은 일들을 하려고 하며, 마침내 시시포스처럼 의미 없이 바위를 굴리듯 일하게 된다. 조직은 불안정하고, 경직되며, 일에 중독된 과다 성취자들로만 가득 차게 된다.

'일 중독workaholism'이라는 용어는 1971년 미국의 심리학자 웨인 오츠에 의해 명명되었다. 그는 강박적으로 일만 하고 일이 없으면 견디지 못하는 모습이 알코올 의존증 증상과 흡사하다는 것을 알아챘다. "일해야 한다는 욕구가 지나친 나머지 신체적 건강, 개인적 행복, 관계, 사회적 기능이 저하된 사람"이다.

일 중독은 과거 일본의 기업 경영자들에게서 많이 나타났던 현상이다. 일본에서는 경영자들이 과로로 사망에 이르고 유족들이 회사를 상대로 소송을 내는 일도 빈번했다. 세계 최초로 '카로시Karoshi(과로사)'라는 용어를 탄생시킨 나라가 일본이다. 그런데 어느새 그 자리를 우리나라가 차지하고 있다. OECD 회원국 중 노동시간이 가장 길고, 승진하려면 휴일도 없이 일해야 하고, 임원이라도 될라치면 각종 위장병과 스트레스를 당연한 듯 달고 살아야 한다.

회사에서 과중한 업무 부담을 주었다는 책임을 피할 수는 없지만, 과로사는 이들의 시지피안 성향에서 기인한 것이기도 하다. 이들은 멈춰 서서 장미향을 맡을 여유가 없고, 다음 도전, 또 다른 도전을 계속하지 않으면 충족되지 않은 듯한 느낌에 사로잡힌다. 마치 자전거가 바퀴를 계속 굴러야 넘어지지 않는 것처럼, 이들도 '정상'을 유지하기 위해 계속 앞만 바라보며 전진해야 하는 것이다. 그러는 동안 자신의 몸과 정신, 가족 및 인간관계가 피폐해지는 것은 깨닫지 못한다. 아니, 개인의 삶이 무너진다는 느낌이 들면 그 불편함을 회피하고자 오히려 더 일을 열심히 하고 더 많은 일을 하려고 한다.

불행을 회피하는 나쁜 방법

일에 중독이라도 된 것처럼 계속해서 기계적으로 일하는 오늘날의 시지피안들. 그들이 일의 늪에 빠진 원인은 무엇일까?

일본 나고야대학교의 카나이와 와카바야시, 그리고 사우스웨스트텍사스주립대학교의 플링은 일본 직장인들에게서 발견되는 일 중독에 대해 연구한 1996년 논문에서 일 중독자는 완벽주의 성향 때문에 강박적으로 일에 전념하게 된다고 주장했다.

아메리칸메디컬시스템의 임상연구원 세이볼드와 시라큐스대학교의 교수 캔디스 살로먼의 분석은 좀 더 의미심장하다. 그들은 일 중독의 첫 번째 원인으로 "삶의 불행을 회피하고자 하는 심리"를 꼽았다. 일 중독자들은 바쁘게 일함으로써 자신이 느껴야 마땅한 고통과 감정을 잊으려 한다는 것이다.

또한 그들에게는 삶을 통제하고자 하는 욕구가 강하다. 그래서 여러 가지 일을 한꺼번에 진행하며 누구에게 맡기지 못한다. 혼자서 그 일들을 다 감당하면서 자신에게 그런 능력이 있다고 느끼는 것 자체가 중요하기 때문이다.

경쟁을 조장하는 사회적 분위기도 일조한다. 같은 자리를 놓고 수많은 사람들과 경쟁해야 하는 자본주의 사회에서 살아남기 위해 이들은 주어진 업무와 기대를 뛰어넘어 더 많은 일들을 하고자 한다.

그들은 '깨진 자아상'을 돌아볼 필요가 있다. 어린 시절 자아상의 발달과정에서 문제가 있으면 일에 중독될 수 있다. 전문가들은 시지피안이 '통제'를 중요시하는 가정에서 자란 이들에게서 더 많이 나타날 수 있다고 보았다.

훈육, 질서, 성실, 충성, 인내 등을 요구하는 엄격한 부모 밑에서 자라는 아이들은 부모를 기쁘게 하기 위해 과도할 정도로 자기절제를 하고 욕구를 억누른다. 이들은 어린 시절에 부모에게 혹독하게 야단맞은 기억이 있고, 부모가 정한 높은 기준에 걸맞게 살지 못한다는 죄책감 때문에 어른이 되어서도 스스로를 몰아붙인다. 이들의 삶의 목적은 부모를 기쁘게 하는 것이며, 성인이 되어서는 그 대상이 권위 있는 사람이나 높은 자리에 있는 사람으로 바뀐다.

이런 모습은 우리에게 결코 낯설지 않다. 삶의 비전이나 자신이 하고 싶은 일은 생각할 여유조차 없이 주어진 과제를 해치우는 데 급급한 것은 직장인뿐 아니라 청소년, 아이들에게서도 흔히 볼 수 있지 않은가. 공부 잘해야 사람답게 살 수 있다고 부모에게 세뇌당하고 남이 부러워하는 직업을 가져야 대접받는다는 기성세대의 강요 아래 시험공부를 하고 '스펙'을 쌓는다. 그러다 신나게 일해야 할 때가 되어서야 자신이 원했던 것이 이런 삶이 아니었다고 후회하는 이들이 얼마나 많은가.

내가 하고 싶은 일에 열정적으로 심취하고 그것에 비례해서 결과물이 나온다면 더없이 행복할 것이다. 그러나 그렇게 일에 집착하고 빠져들지만 열정이나 의미 없이 그저 정신없이 분주하기만 한 경우가 많다.

앞서 이야기한 〈악마는 프라다를 입는다〉에서, 앤디는 일만 생각하는 일 중독자가 되어간다. 그러나 외로움과 아픔을 다시 일로 보상받으려는 인생에 회의하며 잔인한 경쟁사회의 소용돌이에서 빠져나온다.

삶에 작은 균열을 낼 것

전문가들은 시시포스의 굴레에서 벗어나려면 일에 속박되는 생활 패턴에 조금씩 균열을 내라고 조언한다. 예컨대 업무시간 외에는 각종 스마트 기기를 멀리하는 것이다. 책상에서 패스트푸

드로 점심을 때우지 않고 사무실 밖으로 나가는 것도 사소하지만 중요한 습관이다.

또한 할 일의 가짓수를 정해두고 우선순위를 조절하는 노력도 필요하다. 하루에 5가지 업무를 하겠다고 했으면 그 이상의 일은 하지 않는 것이다. 갑자기 끼어드는 일이 있으면 기존의 리스트에서 하나를 빼라. 일을 통제한다는 것은 사람들이 던진 일을 모두 완벽히 수행한다는 게 아니다. 중심을 잡고, 중요한 것이 무엇인지 잊지 않고, 일을 주도한다는 뜻이다. 그래야 일에 끌려다니지 않고 일의 주인이 될 수 있다.

만약 당신의 가족이나 연인, 친구가 무시무시한 일 중독자라면 그의 일정에 당신의 일정을 맞춰줄 필요는 없다. 상대방을 맞추다간 결과적으로 그 사람의 일 중독을 강화하는 것밖에 되지 않는다. 일 중독자들은 끊임없이 무언가 해야 하는 사람들이므로, 일 대신 같이 할 수 있는 취미를 만들어서 그들의 관심을 분산시키는 것이 좋다.

다만 조급함은 금물이다. 일 중독자에게 일은 매우 중요하기 때문에 "일 좀 그만하라"고 화를 내는 것은 자칫 역효과를 낼 수 있다. 사람을 바꾸는 일은 매우 어렵다는 것을 잊지 말고, 그가 바뀌기를 기다리는 동안 지치지 않도록 자신만의 할 일을 만드는 것도 중요하다. 그래도 안 된다면 과감히 치료를 권하는 것이 좋다.

지금 나를 한번 돌아보자. 내가 하는 일이 과연 즐겁고 신나는가? 해야 할 일이기 때문에 기계적으로 하고 있지는 않은가? 시시포스는 신들을 기만한 대가로 가장 잔인한 형벌을 받았다. 그렇다. 무용無用하고 희망 없는 노동보다 더 끔찍한 형벌은 없으리라. 도스토옙스키는 "한 인간을 완전히 뭉개버리고 파괴하고 싶다면 무시무시한 살인자라도 벌벌 떨 만한 가장 끔찍한 형벌을 내려라. 무익하고 의미 없는 일을 하게 만드는 것이다"라고 했다.

　내가 신나게 할 수 있는 일거리를 찾아보자. 냄비 속 개구리처럼 본질적인 변화를 보지 못한 채 눈앞의 일만 보고 생각 없이 살면 안 된다. 소설가 폴 부르제의 말처럼, 의미를 찾으면서 자신의 생각대로 살지 않으면 사는 대로 생각하게 될 것이다.

3

성취 후에
느끼는
권태로움

파우스트 콤플렉스
Faust Complex

원하던 대학에 입학만 하면, 좋은 회사에 취직만 하면, 높은 자리로 승진만 하면 인생이 달라질 거라 믿었다. 하지만 목표를 달성하고 난 뒤에 오히려 더 큰 허무가, 예상치 못한 지루함이 찾아온다.

매우 위험한 상태, 권태

'권태'라는 단어에서 어떤 감정을 느끼는가? 나른하고 약간은 게으른 듯한 느낌? 급하게 종종거릴 필요가 없는 여유로운 사람들의 사치스러운 감정? 무료하고 즐거움이 없는 상태? 사람에 따라 지루함을 받아들이는 강도는 다르겠지만, 사실 권태는 매우 위험한 단어다.

깨진 연애의 대부분은 권태 때문이고 외도도 결혼생활의 권태기에 찾아온다. 취직의 기쁨이나 일의 설렘에서 깨어나 직장생활의 지겨움으로 일단 진입하면 권태의 늪에서 빠져나오기란 여간 어려운 것이 아니다. 공허함과 지루함을 견디지 못해 관계를 망치거나 중독에 빠지기도 하고, 아주 심할 경우 자살을 시도하기도 한다. 자살 사례를 연구한 결과에 따르면 질병이나 경제적 어려움, 인간관계의 갈등 때문이 아니라 외로움이나 우울감의 원인 중 하나인 권태 때문에 자살을 시도하는 경우가 많다.

이탈리아 작가 알베르토 모라비아는 자신의 작품에서 권태를 "불과 몇 초 사이에 봉오리에 불과하던 꽃이 시들어 가루로 변해가는 것을 눈앞에서 보는 것과 같은 것"이라 묘사했다. 한 존재가 한순간에 이처럼 무력하게 시들어버리는 것, 그래서 심리학에서는 만성적 권태를 매우 경계한다.

그런데 우리 주위를 보면 삶의 지루함을 호소하는 사람들이 적지 않다. 풍족한 환경 덕분에 할 일 없는 사람들만 그런 게 아니라, 엄청나게 바쁜 사람들도 지루하다고 야단이다. 치열한 경쟁 속에서 입사와 승진을 해야 하는 젊은 세대는 연애에도 관심이 도통 없다. 정신적·시간적·경제적 여유가 없다는 것이다. 어느 정도의 성취를 한 중년 세대도 지나가버린 자신의 청춘을 그리워하면서 새롭고 자극적인 일을 꿈꾸는 경향이 있다. 그들은 다람쥐 쳇바퀴 돌아가는 것 같은 생활에서 무의미하고 답답함을 느낀다고 토로한다. 그 자리에 올라오기까지 쏟았던 눈물 나는 노력을 무엇으로든 보상받아야 할 것 같다.

나는 왜 이렇게 뻔한 삶을 살아가고 있는가. 자기 삶의 목적을 되물으면서 심심하고 지루하다는 말을 반복하는 사람들. 이러한 심리는 우리 모두 가지고 있는 것이기도 하다. 그것만 이루면, 거기까지만 올라가면 엄청나게 만족스러울 것 같았다. 그러나 막상 목표를 이루고 난 뒤에는 어떤가? 생각한 만큼 보상이 큰 것도, 기대만큼 흡족한 것도 아니다. 뭔가 허전하다. 그래서 다시 목표를 만들고 도전해간다. 그러나 무엇을 성취하든 그 기쁨은 잠깐일 뿐 역시 지루한 일상의 연속이다.

사람들은 이러한 지루함을 참지 못하고 새롭고 자극적인 것을 원하게 된다. 이러한 심리 상태를 '파우스트 콤플렉스'라 한다. 지루하고 반복되는 환경을 심신이 이겨내지 못하고 싫증을 내며 외적인 자극을 추구하는 상태를 말한다.

절망과 환멸의 파우스트

파우스트 콤플렉스는 15세기 말부터 16세기 초까지 독일 북부 지방에 살았던 것으로 전하는 요한 게오르그 파우스트 박사의 전설에서 비롯된다. 파우스트 박사는 한때는 이상을 추구했으나 쓸쓸함과 절망, 환멸을 느낀 나머지 악마에게 자신의 영혼을 바치고 그 대신 권력과 지식을 받는 위험한 거래를 했다고 전한다. 이를 괴테가 작품화하여 연극으로 더 유명해지기도 했다.

괴테의 작품에 등장하는 파우스트는 철학, 약학, 법학, 종교학

등 세상의 모든 지식에 통달한 뛰어난 학자였지만 더 이상 배울 것이 없다는 생각에 절망에 빠진다. 사람들의 존경과 인정도 그를 만족시키지 못했고, 자신의 지식이 인류에 도움이 되지 않는다고 생각해 허무함까지 느끼게 된 것.

마침 그때 악마 메피스토펠레스가 쾌락적인 삶과 세상의 모든 지식을 주겠다고 제안하고, 파우스트는 영혼을 악마에게 팔아넘긴다. 그럼에도 여전히 삶에 만족하지 못하고 무료해하던 중, 파우스트는 그레트헨에게 강렬한 욕망을 느껴 그녀를 유혹한다. 처음에는 순수한 열정으로 시작되었던 그의 사랑은 점점 쾌락으로 물들어가고, 이에 격분한 그녀의 오빠는 그를 살해하기까지 한다. 그레트헨은 이 모든 일들에 대한 죄책감과 절망감을 이기지 못해 미쳐버리고, 자신의 아이를 호수에 던져 죽인 후 감옥에서 숨을 거둔다.

비록 그레트헨의 용서와 사랑이 파우스트의 영혼을 구하는 것으로 끝나기는 하지만, 삶의 의미를 느끼지 못하게 되어 악마에게 자신의 영혼을 팔아넘긴 파우스트의 일생은 결코 행복해 보이지 않는다.

인간은 지루함을 견디지 못한다

2014년 버지니아대학교의 사회심리학자들은 흥미로운 실험을 진행했다. 방 안에 들어가 아무것도 하지 않고 15분 동안 가만히 생각만 하게 하는 실험이다. 그 방에는 전기 충격기도 있었다. 여성의 25퍼센트와 남성의 67퍼센트가 지루함을 이기기 위해 자신에게 전기 자극을 가했다. 심지어 자신에게 200회의 전기 자극을 준 사람도 있었다. 자신에게 고통을 가하면서까지 지루함에서 벗어나고 싶어 한 것이다. 남성이 여성보다 평균적으로 더 많은 전기충격을 스스로에 가한 것에 대해, 연구자들은 남성의 감각 추구 성향이 더 강하기 때문이라고 설명했다. 이는 파우스트 콤플렉스적 성향이 남성에게 더 쉽게 나타날 수 있음을 의미한다.

파우스트 콤플렉스의 기본 정서는 '지루함'이다. 지루함은 누구나 느낄 수 있지만 그렇다고 해서 모두 악마의 유혹에 빠지는 것은 아니다. 지루함이란 지극히 주관적인 감정이다.

지루함은 흔히 생각하듯 아무것도 할 게 없을 때 느끼는 감정이 아니다. 오히려 주위에 있는 것들이 우리의 흥미를 사지 못할 때 생겨나는 감정이다. 회사나 집에서 반복적이고 외부 자극이 적은 일을 할 때를 떠올려보라. 아침마다 기계적으로 씻고 출근해서 똑같은 사람들과 똑같은 회의를 하고, 똑같은 점심을 먹고,

똑같은 지적을 하거나 받고, 똑같은 회식을 하고…. 생각만 해도 지루하다.

사람들은 어떻게든 활기를 되찾고자 노력한다. 더 좋아질 미래를 상상하거나 취미생활 등을 하며 현실을 이겨내는 것이다. 하다못해 '잘나갔던 시절'을 떠올리며 씁쓸한 위안을 얻기라도 한다.

파우스트 콤플렉스를 가진 사람들은 상상할 만한 내면 이미지가 부족하다. 그러니 스스로 지루함을 이기지 못하고 외부나 타인으로부터 오는 자극을 바라게 된다. 살아 있다는 느낌을 받기 위해서는 새로운 도전 거리를 계속 찾아야 한다. 이런 성향이 심해져 충동조절 능력이 약해지고 알코올 등 외부적 자극에 지나치게 의존하게 될 때 파우스트 콤플렉스를 의심해볼 수 있다.

보상과 인정과 애정의 심리

맨프리드 케츠 드 브리스 교수는 어린 시절 부모와의 교류가 수동적이었던 사람들에게서 파우스트 콤플렉스가 나타나기 쉽다고 진단한다. 부모가 아이를 자극시키고 흥미를 북돋는 과정에서 주도권을 놓지 않기 때문이라는 것이다. 아이가 상상과 현실 사이에서 스스로 판단해야 하는데 부모가 알아서 다 판단해주니, 아이는 스스로를 자극시키는 내적 근원을 빼앗기고 만다.

이처럼 내적 상상의 세계에서 만족을 느끼지 못한 아이는 주위에서 자극될 만한 것들을 찾게 된다. 이는 어른이 지루함을 느껴 다른 재미를 찾는 과정과 똑같다.

사실 우리 모두 하루에도 몇 번씩 지루해한다. 그렇다고 누구나 파우스트가 되지는 않는다. 어떤 상황일 때 지루함이 치명적 영향을 미칠까?

인간은 으레 자신의 행동이 특정한 결과를 가져올 것이라는 기대를 한다. 이 기대감은 행동에 영향을 미치고, 이에 따른 결과를 낳는다. 예컨대 회사에서라면 급여인상이나 승진 등이 그런 것들이고, 이러한 결과는 또 다음 행동에 영향을 주게 된다. 많은 과제를 해결하고 난관을 헤치면서 지금의 땀방울이 언젠가 보상받을 것이라 기대한다. 일종의 보상심리다.

그런데 살다 보면 노력만큼 보상이 주어지는 경우가 많지 않다. 야근에 철야를 해가며 팀장이 시키는 대로 열심히 일했는데, 정작 승진은 팀장만 하고 당신에게는 쥐꼬리만 한 보너스만 몇 푼 돌아온다면 기분이 어떻겠는가? 불공평하다고 분개하는 것은 물론 "이런 대접을 받으려고 그렇게 미련하게 일했나" 하는 자괴감에 빠질 수도 있다.

보상심리는 인간관계에도 똑같이 적용된다. 사람들은 성공에 따른 인정과 존경을 원한다. 자신을 선망의 눈빛, 존경의 눈빛으로 바라봐주길 원한다. 그래서 또 열심히 일하고 남들의 고충도 들어주고 힘 닿는 데까지 타인을 도와준다. 마음 약한 팀장은 팀원이 나쁜 평가를 받을까 봐 일을 대신 해주기도 한다. 그러면서 '나는 괜찮은 팀장'이라고 뿌듯해하기도 했을 것이다.

그러던 어느 날, 팀원이 나를 만만하게 보고 은근슬쩍 일을 떠넘겨왔다는 것을 알게 된다면? 상대방이 나의 기대만큼 나를 인정해주지 않았다는 것을 알게 된다면? 내 노력과 좋은 의도가 소용없다는 것을 알게 되었을 때 사람들은 허무해지고 공허함에 빠진다.

채워지지 않는 보상심리는 현재의 환경을 따분하게 느끼게 한다. 뭘 해봐도 기대했던 보상을 받기는 그른 것 같고 현실을 헤쳐갈 만한 적절한 대응법을 알지 못하니 지루함은 점점 삶의 질을 낮추는 치명적 요소가 된다.

자아도취 성향의 파우스트들

파우스트 콤플렉스는 부의 많고 적음, 지위의 높고 낮음을 막론하고 누구에게나 일어날 수 있는 일반적 패턴이다. 하지만 자아도취적 성향이 강하고 높은 지위에 있는 사람들에게서 더 많이 볼 수 있다. 델라웨어대학교 심리학과의 마빈 저커맨 교수는 자극을 추구하는 성향이 강한 이들이 집단의 리더가 될 가능성이 높다고 했다. 이들은 도전과 스릴을 즐다.

리더 중에 파우스트 콤플렉스 유형이 상대적으로 많아 보이는 것이 괜한 선입견은 아닌 듯하다. 또한 많은 연구에 따르면 회사나 집단의 높은 위치에 있는 사람들은 자아도취적 성향이 강한 편인데, 이들은 많은 것을 소유하고 이루었음에도 만족하지 못하고 지루함을 잘 느끼며, 자극적인 감각을 추구하는 모습을 보인다. 이는 파우스트 콤플렉스의 증상과 매우 비슷하다.

물론 이런 성향이 무조건 나쁜 것은 아니다. 고여 있는 것을 못 견디는 리더들은 변화에 능동적이고 창조적이며, 조직 전체에 활력을 불어넣는다. 세상을 깜짝 놀라게 하는 혁신과 변화를 이끌어내는 것 또한 이들의 몫이다. 하지만 자극적인 것만 추구하다가는 그러한 욕구가 그때그때 충족되지 못할 때 자칫 다른 불필요한 것에 몰두하기도 한다.

클린턴 전 대통령은 인턴 직원과의 불미스러운 스캔들 때문에 세계 최고의 권력을 스스로 내려놓을 뻔했다. 이들의 일탈로 당사자 개인은 물론 가족과 회사, 사회 등 집단 전체가 한동안 충격과 상처로 휘청거려야 했다.

그룹 퀸의 구성원으로서 록과 대중음악의 역사를 통틀어 가장 위대한 보컬리스트 중 한 명인 프레디 머큐리는 음악가로서 최고의 위치에서 부족할 것 없는 돈과 인기를 얻었다. 매 앨범 혁신적인 음악 스타일, 독특한 무대의상과 화려한 무대를 선보이며 관중의 환호를 받았으나 무대 뒤 허무와 무료함을 참지 못했다. 그는 다시 그 짜릿함을 느끼기 위해 술을 마시며 줄담배를 피우고 파티에 가는 등 끊임없이 자극을 찾아다녔다. 20대 중반부터는 난잡한 사생활을 즐겼다.

여러 스타들도 이와 비슷한 어려움을 겪는다. 오랜 시간 연습실에서 트레이닝을 받고 혹독한 다이어트를 견디고 동료를 제치며 달렸는데 막상 최고의 스타가 되고 나면 인생이 재미없게 느껴진다고 한다. 허무함이 밀려오고 무얼 해도 감흥이 없는 권태감을 느끼는 것이다. 이를 견디지 못하고 알코올이나 마약 중독으로 빠지는 스타는 너무 많아서 이름을 일일이 나열하기도 어려울 정도이다.

최근 러시아와 우크라이나 전쟁이 장기전으로 가면서 러시아 대통령인 푸틴의 사생활이 속속 드러나고 있다. 〈뉴욕타임스〉는 푸틴이 전 부인 류드밀라 푸티나와의 사이에서 낳은 2명의 딸 말고도 다른 2명과 낳은 4명의 자녀가 더 있을 수 있다는 보도를 했다. 이게 끝이 아니다. 가사도우미로 일하던 스베틀라나 크리보노기크와 수년 동안 불륜 관계를 유지하며 낳은 딸 루이자 로조바가 있다는 사실도 밝혀졌다. 푸틴과 붕어빵처럼 닮은 로조바는 SNS상에 명품을 즐기는 사치스러운 생활을 자랑해오다가 스캔들 이후 악성 댓글이 쏟아지자 계정을 삭제했다.

수영선수 마이클 펠프스는 다섯 차례나 올림픽에 나가 금메달 23개, 은메달 3개, 동메달 2개를 목에 걸었다. 올림픽 개인 최다 메달을 기록한 펠프스이지만 마리화나 흡연, 음주운전 등의 문제로 선수 자격 정지를 당하는 굴욕을 겪었다. 또한 알코올 중독과 우울증 치료를 받기도 했다. 2018년 한 포럼에서 "선수 생활의 최정점에 섰던 2014년 자살 생각을 했다"라고까지 말했다.

'수영의 황제'라고 불리는 그가 이런 굴곡을 겪은 이유가 뭘까? 운동선수들은 메달 획득이라는 목표 성취를 위해 수년에서 수십 년을 노력한다. 모든 것을 쏟아부어 대회에 출전해서 목표를 이루는 순간 환희와 흥분을 경험하지만 얼마 후면 모든 게 끝이 난다.

더 보상받아야 할 것 같고, 더 자극적인 것을 찾고 싶고, 처음 성공했을 때 그 짜릿함과 만족감을 계속 느끼고 싶은데 이젠 그렇지가 않다. 그래서 지금까지와는 다른 자극을 추구하게 되는 것이다. 우리 주변에서도 이런 극단적인 사례들은 얼마든지 볼 수 있다.

임상심리학자 데이비드 슈나르흐는 외도의 주된 이유를 타인으로부터 긍정적 자아 개념을 받고자 하기 때문으로 분석한다. 사람들은 누군가가 자신을 원한다는 사실에 열광한다. 끊임없이 인정과 존경을 추구하는 것이 인간의 속성이기에, 외도를 통해서라도 자아 개념을 확립하고 연애 초기의 짜릿한 자극을 받고

자 하는 것이다.

이 고비만 넘으면 더 재미있는 일이 생길 줄 알았는데

이런 파우스트 증후군은 특별한 사람에게만이 아니라 우리 누구에게나 약하게나마 나타난다. 수능 후유증이 아마도 그 한 예일 것이다. 수능 후 허탈감을 느끼며 무기력에 빠져서 심리적·신체적 불편감을 호소하는 수험생이 많다. 결과가 나빠서 좌절과 실망감이 몰려와서인 것만은 아니다. 목표한 높은 점수를 받은 학생에게도 후유증이 나타난다. 수능을 향해 전력을 다해 달려왔고 잠도 제대로 못 자고 하고 싶은 일들을 다 미루면서 이날을 기다렸다. 수능만 끝나면 원하는 모든 게 주어질 것만 같았는데, 정작 수능이 끝났는데, 실제로 그렇지도 않은 것이다.

하고 싶었던 것들이 갑자기 시들해져버리기도 하고 찾아온 해방감이 기대만큼 마냥 즐겁고 좋은 것만은 아닌 것이다. "시험 점수가 뭐라고 내가 몇 년 동안 이렇게 힘들게 공부한 거지?"라는 허무함이 찾아온다. 처음에는 친구들과 술도 마시고 놀러 다니며 이러한 감정에서 벗어나려고 노력하지만, 뇌와 몸은 더 이상 재미를 느끼지 못한다. 수능 후유증이 아주 심해지면 우울증으로 이어지기도 한다.

취업도 마찬가지이다. 합격만 하면 직장만 구하면 인생이 다 달라질 것 같다고 생각해왔다. 원하던 회사 취직에 성공해서 열정적으로 임할 것이라는 다짐과 함께 일을 시작하지만 얼마 가지 않아 이직을 결정하는 경우가 많다. 막상 다녀보니 생각보다 별것도 없고 재미도 없으니 이런저런 이유로 이직을 결정하는 것이다. 심지어 퇴직을 생각하기도 한다. 실제로 직장인 10명 중 4명은 직장생활을 지루하다고 느낀다는 조사 결과도 있다. 고용노동부에 따르면, 상용직 이직자 수는 2010년 약 26만 명에서 2020년 약 45만 명으로 2배 가까이 증가했다.

세속의 성취보다 내면의 성취를

'재미없어' '심심해' '지루해' 어린아이의 칭얼거림 같은 형용사들. 그러나 열 살이든, 스무 살이든, 마흔 살이든, 백 살이든, 우리 삶은 결국 의미 없는 지루함에서 벗어나 재미와 의미를 얻고자 하는 한 판의 모험극이지 아닐까 하는 생각이 든다. 문제는 재미와 의미가 어디에 있느냐일 것이다.

세상의 온갖 지식을 섭렵했던 파우스트는 행복하지 않았다. 세상의 모든 쾌락과 권력을 얻고도 더욱 불행해질 뿐이었다. 오히려 세상을 보는 시력(肉眼)을 잃고 심안을 얻은 후에야 그는 "멈추어라, 순간이여, 너 정말 아름답구나!" 하고 환호할 수 있었다.

우리에게 필요한 것은 파우스트의 깨달음이 아닐까. 세속의 잣대로는 재미와 의미를 찾을 수 없다. 모든 것을 희생하고 오직 목표만에 집중하는 삶이 되지 않게 조절하는 것이 필요하다. 목표를 향해가는 단계마다 과정을 즐길 수 있어야 한다. 실패와 도전, 넘어짐과 일어섬을 반복하면서 한 단계 한 단계 이루어나가는 그 과정 자체에 의미를 둘 수 있어야 한다.

틸틸과 미틸은 행복을 가져다주는 파랑새를 얻기 위해 과거와 미래, 생의 피안까지 여행했지만, 결국 허름한 자기 집의 새장에서 파랑새를 발견한다. 행복은 머나먼 곳에서 오는 거창한 것이 아니라 지금 이곳에 있는 아주 작은 것에서 생겨나는 것이다.

외부적인 성공에서 느끼는 기쁨은 한계가 있기 마련이다. 성공의 사다리를 타고 정상에 올라간 순간 그 기쁨과 희열은 잠시일 뿐 우리는 또 다른 사다리를 타기 시작한다. 경제적인 것도 마찬가지이다. 돈을 많이 벌고 싶어서 노력한다. 그러나 경제적 여유가 생기고 나면 또다시 욕심을 내게 된다.

마음속 성취와 승리에 귀 기울여보자. 더 높은 곳으로 향하는 사다리를 오르느라 잠시 잊고 있던 스스로의 참모습을 객관적으로 보길 바란다. 그 과정 또한 내 인생에서 중요하다. 그 과정을 즐기면서 숨을 고르며 나아가는 것이 필요하다. 지금의 이 시간이, 이 인생이 중요하다.

출발점에 서서 활력에 넘쳤던 그 모습을 다시 한번 떠올려보자. 그리고 무얼 위해서가 아니라 지금 현재의 나를 멋지게 만들어가는 것에 집중하자. 시작할 때의 그 마음을 떠올리는 동안 지루함 따위는 당신 곁에 얼씬도 못할 것이다.

4

천국도
파괴시키는
불평과 불만

트롤 콤플렉스
Troll Complex

자신의 부족한 점은 생각지도 않고 매사 부정적이고 냉소적인 태도를 띤다. 상사
는 물론 동료들도 믿지 못하고 '안 될 이유'만 생각하다 결국 고립을 자초하기도
한다.

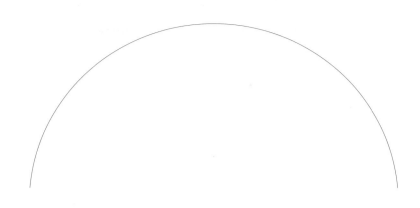

부정적인 것을 가장 잘 상상해내는 동료

1980년대를 풍미했던 TV 애니메이션 〈개구쟁이 스머프〉 캐릭터 '투덜이 스머프'는 누구와 무슨 대화를 하든 시종일관 찌푸린 표정으로 한마디만 한다. "난 싫어!"

부정적인 말은 꽃도 시들게 한다는데, 유독 그런 말만 골라서 하는 사람들이 있다. 주변 사람, 직장에 대해서 온통 불만인 사람들이다. 오늘 점심이 맛이 없다, 상사가 일을 마구 시킨다, 동료가 무능하다, 회사의 복지가 형편없다 등등. 투덜대는 게 일이다.

본인의 능력과 노력 없이 바라는 것만 많은 일부 철없는 문제 직원 이야기가 결코 아니다. 이는 직급의 문제일 수도 있지만 개인의 심리적 성향이기도 하다. 사원이든 CEO든, 객관적으로 아무리 좋은 상황일지라도 그 상황에서 상상 가능한 가장 부정적인 것만을 발견하는 사람들이다. 불평이 습관화된, 천국에 데려다놓아도 불평할 사람들이다. 실적도 못 내면서 그저 환경 탓만 한다.

맨프리드 케츠 드 브리스 교수는 이런 성향을 '트롤 콤플렉스'라 이름 붙였다. 특히 직장에서 발견되는 트롤 콤플렉스에 주목했다. 이들은 부정적이고 냉소적인 태도로 늘 불평하며 상사는 물론 동료도 믿지 못하고 매사 '안 될 이유'만 생각하다 고립을 자초하기도 한다.

트롤 콤플렉스는 스칸디나비아 민속 신화에서 비롯된다. 트롤은 털투성이 거인으로 묘사되기도 하고 나뭇등걸을 닮았다고도 전해진다. 공통점은 나쁜 짓을 일삼는다는 것이다. 물건을 훔칠 뿐 아니라 아이와 여자를 납치하고 사람들을 괴롭히기 일쑤다. 인간의 행동에 불만을 품고 그저 인간을 괴롭히기 위해 논쟁을 벌이고 내기를 한다.

아들 일곱을 둔 왕이 있었다. 왕자들은 결혼할 나이가 되자 신붓감을 구하기 위해 길을 떠난다. 막내 왕자는 왕과 함께 남았고 형들은 그의 신부도 구해 오겠다고 약속한다. 여섯 왕자들은 여섯 공주들이 있는 왕국에 도착한다. 그들은 공주들에게 반하여 막내 왕자와의 약속을 잊어버린다. 공주들과 함께 길을 재촉하다가 지름길로 트롤이 사는 산을 지나가게 된다. 심술 맞은 트롤은 손짓 하나로 왕자와 공주 모두를 돌로 변하게 한다. 이에 막내 왕자는 트롤의 성안에 갇혀 있던 아름다운 한 공주를 여러 동물들의 도움으로 찾는 한편 트롤을 무찌르고 형들과 신부들을 구출한다.

어떤 이야기에서든 트롤은 시끄럽다는 이유로, 자기 영역을 침범했다는 이유로, 심지어 아무 이유 없이 '그냥' 사람들을 괴롭히고 잡아 가둔다.

문제적 직장의 문제적 인간

드 브리스 교수는 부모와 아이 사이 권력 분쟁에서 트롤 콤플렉스가 촉발된다고 주장했다. 부모가 자녀를 지나치게 지배하거나 방치하는 경우, 또는 부모가 자녀 중 한 명만을 편애할 때 아이들은 부모에게 반항심을 느낀다. 그러나 아이는 아무런 힘이 없는 존재이기에 정면으로 맞서지 못하고, 그저 수동적으로 반항하거나 원한을 품은 채 겉으로만 부모에게 순종하게 된다. 이런 아이들이 성인이 되었을 때, 조직의 위계질서와 권력에 생래적인 반감을 품고 적응하지 못한 채 냉소로 일관할 가능성이 있다.

그러나 트롤 콤플렉스가 반드시 부모 때문에 생기는 것은 아니다. 잘 자란 성인이 '문제적 직장'에 들어가서 냉소적인 태도를 보이는 경우도 얼마든지 있다. 사람이 변하는 것이다.

긴 노동시간, 과다한 업무량, 비효율적인 리더십과 경영체제, 직원의 안녕감은 안중에도 없는 조직 분위기에서는 특히 그렇다. 누구든 회사에 입사하면 인간적인 대우를 받으며 능력을 인정받고 비전을 갖게 되리라 기대하는데, 이런 일련의 기대치가 충족되지 못하면 회사와 상사, 동료에게 불만을 품고 원망하는 분위기가 만연한다.

또한 최근 스트레스 연구에 따르면 냉소주의는 직장에서 겪는 극도의 피로나 번아웃과도 관련 있는 것으로 나타났다. 경영 악화 등의 이유로 급작스레 구조조정이 단행되거나 동료들의 퇴직 러시가 이어지면서 겪는 스트레스도 원인이 될 수 있다. 요즘처럼 구조조정이 상시화된 환경에서는 고용을 위협하는 요소가 모두 트롤 콤플렉스를 유발할 수 있다.

비관적인 자세 자체가 무조건 부정적인 결과를 낳는 것은 아니다. 미국 웨스턴캐롤라이나대학교 심리학과 로빈 코왈스키 교수는 사람들이 불평하는 데는 불만을 표출하는 것 이상의 이유가 있다고 말한다. 자신의 기준을 충족하더라도 원하는 목표를 이루기 위해 불평을 할 수 있다. 예컨대 직장에 만족하더라도 급여를 더 받거나 사람들에게 인정받으려는 목적으로 불평한다는 것이다. 이처럼 사람들은 불평하기 전에 불평의 '주관적 활용도'

를 판단한다는 것이 코왈스키의 설명이다. 불평함으로써 개인적 만족이나 관계 개선 등의 목표를 이룰 수 있는가를 판단한다.

많은 사람들이 외부에 대한 불만을 표현할 때만 불평하는 게 아니라, 자신의 불리한 입장을 방어하기 위해 역으로 선제공격하는 용도로도 활용한다. 그래서 잘만 하면 사람들에게 부정적인 인상을 남기지 않고 자신에게 우호적인 여론을 형성할 수도 있다.

또한 동료와 수다를 떨거나 술 한잔하면서 툴툴대고 나면 기분이 조금 나아진다. 자신의 부정적이고 적대적인 감정을 표현하면서 카타르시스를 느끼기도 하고 자신의 고단함을 피력할 수도 있다. 어느 정도 외부 요인에 귀인해 합리화하면 스트레스를 덜 받는 것이다.

또 친밀한 관계에서는 불평이 일종의 접착제 역할을 해준다. 다른 사람을 험담하면서 둘 사이의 친밀감이 더 높아질 수도 있다. 게다가 상대방의 행동이 마음에 들지 않을 때 하는 불평은 모나지 않게 상대방의 행동을 교정해주는 효과가 있다. 정확한 목적이 있고 개선을 위한 불평은 상대방으로 하여금 불쾌감 같은 부정적인 감정을 덜 느끼게 해준다.

조직의 발전을 위한 쓴소리인가,
에너지를 갉아먹는 냉소주의인가

불만은 실제로 일이 잘되게 돕기도 한다. 이를 '방어적 비관주의 defensive pessimism'로 설명할 수 있다. 때로 불만은 스트레스 상황에서 겪는 불안에 대처하게 해주고, 끈기를 갖고 노력하도록 동기를 불러일으킨다. 방어적 비관주의자들은 기대치를 낮춘 후 열악한 여건에서 자신이 할 수 있는 일이 무엇인지 생각한다. 어떻게든 자신이 상황을 통제할 수 있도록 노력하고, 그런 다음 주어진 결과에 대해서는 더 이상 고집을 부리지 않고 순순히 받아들인다. 그래서 어떤 결과가 나오든 일을 끝냈을 때의 만족감은 누구보다 높은 편이다.

어느 조직에든 이런 사람이 한두 명은 꼭 있다. 사람들이 장밋빛 미래를 그리며 들떠 있을 때 "이런 가능성도 있다"며 동전의 다른 면을 보여주는 사람들 말이다. 분위기 파악 못하는 눈치 없는 사람 취급을 당하기 십상이지만, 오히려 상황을 정확하게 판단하고 최악의 상황에서도 실패하지 않는 방안을 찾기 위해 비관주의자를 자처하는 경우가 많다. 대책 없는 긍정성에만 빠져 있는 조직을 상상해보라. 그런 조직에서 방어적 비관주의자는 조직의 발전을 위해 쓴소리를 하는 소금 역할을 한다.

이처럼 극단적으로만 나타나지 않으면 비관적인 태도는 개인과 조직에 분명 쓸모가 있다. 하지만 불평이 스트레스 해소로 끝날지, 또 다른 불만을 낳아 지속적인 삶의 패턴이 될지는 경계가 모호하다. 단순한 불평이 트롤 콤플렉스로 전이되면 궁극적으로 다른 사람들로부터 고립되는 결과를 낳는다.

아무리 좋은 상황에서도 나쁜 결과를 가정하고 내심 실제로 그렇게 되기를 기대하기도 한다. 그래야 자신의 통찰력이 입증되기 때문이다. 또한 자신에게는 좋은 일이 생기지 않을 것이라 지레짐작하고 스스로를 피해자로 여기기도 한다. 상대방의 악의 없는 행동이나 말 한마디에도 자신을 우습게 본다며 부정적으로 반응하고, 거듭되는 오해에 사람들이 짜증이라도 내면 "저것 봐, 나를 무시하잖아" 하며 자기충족적 예언의 오류에 빠진다.

이들은 애써 오해를 해명하거나 문제점을 고치려 하지도 않는다. 정말 결백을 주장하고 싶다면 싸워서라도 매듭을 풀어야겠지만 그럴 의지가 크지도 않다. 또한 불편에 대해서는 잘 설명하지만 근본적인 문제점을 분석하거나 해결점을 찾으려 노력하지는 않는다.

상사나 리더에게 반항하는 경향이 있지만 적극적으로 맞서기보다는 지시에 게으르게 반응하거나 잊어버리고 의도적으로 비효율적으로 행동하는 등 소극적인 복수를 한다. 때로는 상사에 대한 분노를 힘없는 후배에게 쏟아내기도 한다.

방어적 비관주의자들은 안전한 대안을 찾는 게 체질화돼 있기 때문에 앞날을 부정적으로 보는 경향이 오히려 도움이 될 때도 있다. 그러나 트롤 콤플렉스에 빠진 이들은 대개 결과를 중시하며 과정에는 큰 의미를 두지 않기 때문에 생산적이지 않은 일은 선호하지 않는 경향이 있다. 앞날을 비관적으로 예측하는 편이기 때문에, 결론적으로 모든 일이 비생산적일 것이라 생각해 매사에 심드렁해진다. 그들에게 회사는 강압적인 데다가 보상은 쥐꼬리만 하고 힘써 헌신할 필요가 전혀 없는 곳이다. 그러니 잘하지 못해도 책임감을 느끼지 않게 된다. 오히려 여건이 받쳐주지 않는다, 팀이 무능하다는 식으로 환경을 탓할 뿐이다.

트롤 콤플렉스의 가장 나쁜 점은 사람들에게 냉소주의를 퍼뜨린다는 것이다. 시작은 한 사람의 부정적인 생각, 태도, 행동이지만 이것은 머지않아 다른 사람들에게 전이되고, 결국 집단 전체에 악영향을 미치게 된다. 베스트셀러 작가인 존 고든은 자신의 책 《에너지 버스》에서 이런 이들을 가리켜 '에너지 뱀파이어'라고 했다. 자신의 부정적 정서를 조직 전체에 전염시키는 이들로, 잘해보려는 사람들의 에너지까지 빨아먹는 뱀파이어인 셈이다.

가학적인 온라인 트롤링

요즘엔 익명성을 이용해 이유도 없이 타인을 비난하거나 타인에게 해를 입히는 '온라인 트롤링'이 사회 문제로 대두되고 있다. 온라인 트롤링은 사이버 공간에서 반사회적이고 공격적인 반응을 유발하는 행위를 말한다. 경멸적인 댓글을 게시하여 의도적으로 사람들을 불쾌하게 하거나 문제를 일으키거나 직접 공격하려고 한다.

온라인 트롤링의 유형은 크게 3가지로 나눌 수 있다. 익명의 다수가 특정 대상에 공격을 가하며 악성 게시물로 게시판을 도배하는 레이딩raiding, 단체나 개인을 비방하고 소외시키는 그리핑griefing, 그리고 조롱, 모욕, 욕설 등의 언어폭력을 뜻하는 플레이밍flaming이 있다.

최근에는 '줌바밍Zoombombing'이라는 신조어까지 등장했다. 대표적인 화상회의 서비스인 'ZOOM'과 폭격을 뜻하는 'bombing'을 합친 것이다. 줌바머Zoombomber는 줌을 이용하는 이들의 개인정보를 빼내거나 회의 속 '화면 공유' 기능을 이용해 음란물을 유출하기도 한다. 미국의 한 대학은 이들의 욕설과 인종차별적인 발언 때문에 온라인 수업을 중단하기도 했다. 뉴욕시 교육 당국은 줌 대신 다른 화상회의 플랫폼을 사용하라고 지시했다. 대만 역시 학교 온라인 수업 시에는 물론이고 정부기관 업무에서 줌 사용을 전면 금지했다.

온라인 트롤러는 대체 무슨 이유로 이러한 행동을 하는 것일까? 클레어 하드데이커 박사는 이들이 "갈등을 일으키는 것으로 스스로 만족하며 그러한 행위에서 즐거움과 기쁨을 얻는 가학적 성향을 지닌 사람들"이라고 말했다. 트롤이라는 이름에 걸맞은 특징을 가진 사람들인 것이다. 이들이 온라인으로 활동 범위를 넓히며 익명성까지 얻고 나니 자신의 콤플렉스를 손쉽게 발산할 수 있는 환경이 조성되었다고 볼 수 있다.

트롤이 조직을 파멸하지 않게 하려면

사람인 이상 누구나 그 어떤 것에 대해서든 불평할 수 있다. 당신도 오늘 몇 번의 불평을 했을 것이다. 건강한 긍정적인 불평과 지적은 개인과 조직, 더 나아가 사회를 발전시키는 데 도움이 된다. 상황을 정확하고 분석적으로 보도록 하고 개선의 여지를 열어주는 등 불만과 불평의 순기능도 분명 있다.

중요한 것은 대안이 있는 반대 그리고 발전을 위한 불만이어야 한다는 것이다. 상대 탓을 하고 조직에게 문제가 있다는 식의 불평과 불만은 해롭다. 무엇보다 스스로에게도 도움이 되지 못한다.

혹시 지나치게 비관적이고 부정적인 태도로 일관한 적은 없었는지 점검해보자. 하루 대부분을 그런 태도에서 벗어나지 못하고 있는 것은 아닌가? 이런 비관적인 태도가 당신의 영혼을 좀먹도록 내버려 둬서는 안 된다. 마음에 들지 않는 면이 있으면 회사에 정식으로 문제를 제기하라. 꽁한 표정으로 팔짱 끼고 비아냥거리는 것보다는 솔직하게 불만을 말하는 편이 회사 입장에서도 고마울 것이다.

회사는 주기적으로 직원들의 근무 환경을 체크해봐야 할 것이다. 긴 노동시간, 과다한 업무, 비효율적인 리더십과 경영체제, 직원들의 안녕감은 안중에도 없는 분위기 말이다.

트롤 콤플렉스는 그 사람과 조직, 사회를 파멸시키는 암과 같다. 이야기 속의 트롤이 어떻게 주변을 불행하게 하고 어떤 결말을 맞았는지 다시 한번 생각해볼 일이다.

5

전사가
되고 싶은
여자들

다이아나 콤플렉스
Diana Complex

일에 헌신하고, 매사에 똑 부러지며, 실력으로 승부하고 경쟁을 피하지 않는다. 그러나 문제는 사람이 차다는 것. 이들에게는 '좋은 게 좋은 것'이란 개념이 애초에 없다.

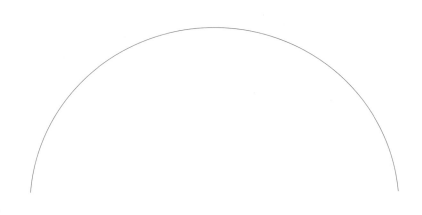

차가워도 너무 차가운 우리 여자 팀장

우리 팀장은 일하는 스타일이 전투적이다. 회사가 군대도 아닌데 군기가 바짝 들어 있다. 회사생활을 하다 보면 '질리는' 여자 상사를 한 번쯤은 만나게 된다. 싱글이건 아니건 그들의 공통점은 분명하다. 일에 헌신하고 매사 똑 부러지며 실력으로 승부하고 경쟁을 피하지 않는다. 피하지 않는 정도가 아니라 경쟁해서 승리하는 과정 자체를 즐긴다. 일을 열심히 잘하는 만큼 승진도 당연히 빠르다.

이들에게는 '좋은 게 좋은 것'이란 개념이 애초에 없다. 그러니 일을 제대로 하지 않고 이들 앞에서 어쭙잖은 핑계를 댔다가는 국물도 없다.

관계보다는 철저히 과제 위주로 생각하기에 때로는 함께 일하는 사람들의 감정을 무시하는 경향이 있다. 그래서 팀원이나 동료, 상사를 살갑게 대하지 않는다. 내 실력으로 일하는데 상사에게 아부할 이유가 있느냐는 태도다. 이처럼 뻣뻣하다 보니 교만하다는 평가를 받기도 하고, 타인의 감정에 대수롭지 않게 반응했다가 갈등을 일으키기도 한다. 상대방을 좀 더 부드럽게 대해주면 안 되나? 저렇게 행동해야 성공할 수 있다고 생각하는 걸까? 팀장이 일하는 것을 보면 때로는 존경스럽기도 하지만 나는 저렇게 피도 눈물도 없이 일만 하기는 싫다.

지금이야 남성성과 여성성을 애써 구분하지는 않지만, 남자는 이러하고 여자는 저러하다는 고정관념이 과거에는 지금보다 더 확고했음을 이해하고서 시작하자. 가령 도전은 남성적인 특징이라고들 했다. 좋게 말하면 진취적이고 나쁘게 말하면 전투적이다.

성별에 관계없이 모든 인간에게는 남성적 성향과 여성적 성향이 다 존재한다. 프랑스의 정신분석가 샤를 보두앵은 여성들이 무의식적으로 자신 안에서 남성적 속성을 발견하려는 경향이 있다고 했다. 남성성을 지향하는 여성의 심리를 가리켜 그는 '다이아나 콤플렉스'라 명명했다. 이는 프로이트의 오이디푸스 콤플렉스와 같은 맥락에서, 여자아이가 선천적으로 남성의 신체적 요소를 부러워하는 심리가 있다고 설명된다.

승부욕에 불타 사랑하는 이를 죽이고 만 다이아나

키 크고 사랑스러운 여신으로 묘사되는 다이아나는 엉뚱하게도 '사냥'의 신이다. 아버지 제우스가 원하는 것을 물었을 때 그녀는 사냥을 위한 활과 화살, 영원한 순결을 원했다. 그래서 다른 여신들과 달리, 처녀신으로 결혼을 하지 않았고 성적 공격을 당하지도 않았다. 그녀는 길들지 않은 동물의 성향을 그대로 드러내 언제 어디서든 자신의 뜻대로 행동하는 신으로 묘사된다. 악타이온 사건에서는 단호한 모습도 찾아볼 수 있다.

다이아나와 요정들이 목욕하는 것을 몰래 지켜본 악타이온에게 분노를 느낀 다이아나는 그를 수사슴으로 변하게 하여 죽게 한다. '한 번의 잘못'도 용납하지 않는 모습에서 다이아나의 단호하고 불같은 성격을 알 수 있다. 다이아나는 여성의 몸을 훔쳐본 남성에게 혐오감을 느껴 남성을 제압한 것이다.

오리온 사건도 비슷하다. 그의 죽음에 관해서는 여러 신화가 전해지는데 그중에는 다이아나와 연관된 것도 있다. 다이아나와 사랑에 빠진 오리온을 못마땅하게 여긴 아폴론은 다이아나에게 먼바다의 작은 점을 맞춰보라고 도발했다. 그 점이 오리온인 줄 꿈에도 몰랐던 다이아나는 승부욕에 불타 화살로 오리온의 머리를 쏘아 죽인다. 목표물의 정체를 알고 슬퍼하던 그녀는 오리온을 별로 만들고, 그를 보좌할 수 있도록 자신의 사냥개 시리우스도 별로 만들었다고 한다. 다이아나가 유일하게 사랑한 남성이라고도 전해지는 오리온. 하지만 그녀의 경쟁의식은 사랑하는 사람까지 죽음으로 내몰고 말았다. 지나친 자부심과 자존심이 불러온 비극이라 하겠다.

다이아나에게는 흑과 백이 뚜렷하다. 자신이 보기에 잘못된 것, 옳지 않은 것에 대해서는 틀렸다고 주장하며 즉각 행동에 옮겨 교정한다.

여성은 남성성이 아니라 남성이 누리는 지위를 원한다

현실에서 우리는 다양한 다이아나들을 보곤 한다. 보두앵은 다이아나 콤플렉스가 있는 여자아이는 말괄량이 같다고 했다. 이들은 남자아이가 즐기는 놀이에 열중하고 성격이 완고하며 강압적인 편이다. 이런 아이들은 사춘기에 월경 이상 등을 겪으며 여성이 되기를 거부하거나 결혼에 신경증적 반응을 보이고, 드물지만 동성애 성향이 나타난다고 한다. 실제로 프로이트는 다이아나 콤플렉스를 여성의 '정신적 동성애'라고 주장하기도 했다.

보두앵과 프로이트는 다이아나 콤플렉스를 여성이 남성의 성기를 질투하는 선천적인 현상으로 보았다. 여성이 남성의 성기 없이 태어난 것을 일종의 '처벌'이라 여긴다는 것이다.

여성이 원하는 것은 남성의 성기라기보다는 남성이 누리는 지위라고 해야 할 것이다. 알프레트 아들러는 남성을 긍정적으로 평가하는 문화적 편견과 남성 중심적 사회 분위기에서 다이아나 콤플렉스가 생긴다고 설명했다. 혜택을 누리려면 남성이 되어야 하는데 현실에서는 여성의 몸으로 무의식적 열등감을 느낀다는 것이다. 이런 강박은 남성에게서도 발견된다. 생물학적으로 남성이면서도 '진짜 사나이'가 되어야 한다고 믿는다.

여성이 사회에서 가지지 못하는 남성의 권리, 혜택은 물론 의무와 책임감까지 모두 갖기를 열망하는 데서 다이아나 콤플렉스가 나온다. 이런 여성은 흔히 정서적으로 남성을 멀리하고 적으로 간주하곤 하는데, 남성의 존재 자체가 자신의 열등감을 자극하기 때문이다. 이런 점에서 아들러는 다이아나 콤플렉스 성향을 '남성적 저항masculine protest'이라 지칭했다. 실제로 여성에게서 나타나는 다이아나 콤플렉스의 양상은 남성을 선망하고 질투하는 모습보다는 '적극적인 활동성'에 초점을 둘 수 있다.

미국의 정신과 의사 진 시노다 볼린은 다이아나 성향을 가진 여성의 특징으로 독립성을 꼽았다. 스스로 목표를 설정하고 추구하며, 자기 가치를 남성이 아닌 자기 자신에게서 찾는다. 남성과 여성이 동등하다고 느끼기 때문에 페미니스트의 면모를 보이기도 하지만, 남성을 무조건 적대시하기보다는 자신이 가치 있게 여기는 것을 존중하지 않는 남성에게 주로 분노를 드러낸다.

또한 다이아나 콤플렉스는 아들을 편애하는 가정에서 나타날 확률이 높다. 그래서 역설적으로 다이아나 성향의 여성이 성공하려면 부모의 인정, 특히 아버지의 인정이 매우 중요하다. 어머니보다 아버지가 중요한 이유는, 아버지의 권력이 더 크기 때문이다.

제우스처럼 딸을 지지하는 아버지는 딸이 원하는 것을 이룰 수 있도록 적절한 지원을 해준다. 반대로 딸에게 "조신하지 않고 되바라지다"고 비난할 때 다이아나 성향은 열등감이 된다. 딸은 아버지의 무시에 겉으로는 불같이 화를 내지만 속으로는 상처를 받는다. 이런 좌절이 계속될 경우 자신의 능력을 의심하게 된다.

이러다 보니 여성을 지배하려고 하는 남성에게 호감은커녕 경쟁심을 먼저 느낀다. 그렇다고 자신에게 매달리는 남성에게 호의적인 것도 아니다. 다이아나 성향의 여성은 미적이고 창의적인 남성, 지적으로 동등하며 공동의 관심사가 있어서 대화가 통하는 남성에게 관심을 보이는 경향이 있다.

어떤 여성들은 자신을 사랑해주는 남성에게 끌리기도 하지만 다이아나들에게 그런 기대는 하지 말자. 자신을 사랑하는 남성에게 흥미가 사라지면 잔인하게 대할 수도 있기 때문이다. 그들에게 상대 남성은 '원하지 않는 방해물'일 뿐이다.

이처럼 감정적으로 거리를 두는 경향 때문에 '멀리 떨어진 다이아나'라고도 불린다. 이들은 내가 누구인지, 어떤 일을 하는지,

원하는 일을 하는지가 주된 관심사이지, 남들이 자신을 어떻게 보는지는 크게 개의치 않는다. 그러다 보니 다른 사람들의 감정에 상대적으로 둔감해져서 상대방으로 하여금 소외감을 느끼게 하기도 한다. 자기 생각을 행동으로 실천하는 면모는 장점이지만 흑백이 뚜렷한 독단적 사고는 단점이 될 수 있다.

다이아나들의 저항과 성공

피도 눈물도 없는 비즈니스 세계에서도 다이아나들의 성공 사례는 꾸준히 나오고 있다. 메리 케이 애시는 미국이 낳은 20세기 최고의 비즈니스 우먼으로 꼽힌다. 젊은 시절 그녀는 뛰어난 실적을 올렸지만 남자 부하직원이 승진해 자신보다 더 높은 수입을 올리는 것을 보고, 10년 이상 다니던 회사를 떠난다. 아들러가 명명한 남성적 저항의 단면이다. 그녀는 45세의 나이에 전 재산을 털어서 화장품 회사를 창업하고, 홈파티와 이벤트를 적절히 활용하는 전략으로 2년 만에 100만 달러 매출을 올리게 된다.

그녀가 성공을 거둔 비결에 주목할 필요가 있다. 그녀는 남성처럼 행동하는 대신 일명 '핑크 리더십'으로 불리는 사랑과 인간 중심의 경영 철학으로 승부했다. 직원들을 '쥐어짜는' 냉혹한 전략 대신 '자신이 대우받고 싶은 대로 남을 대우하는' 황금률을 모토로 직원들을 존중하는 경영을 펼쳤다.

수십 년 동안 부침을 겪으면서도 그녀는 자신의 경영 원칙을 포기하지 않았고, 메리케이사는 30개국 이상에 진출한 '꿈의 직장'으로 성장했다. 그녀의 성공 사례는 사회적인 다이아나 콤플렉스이자 성공한 다이아나 콤플렉스라 할 수 있다. 성공 사례는 또 있다.

2022년, 70년간 여왕의 자리를 지킨 영국의 엘리자베스 2세 여왕이 서거했다. 엘리자베스 2세 여왕만큼 영국인이 그리워하는 여왕이 있다. 엘리자베스 1세 여왕이다. 엘리자베스는 헨리 8세와 앤 불린의 딸로 태어났다. 어머니는 파란만장한 인생을 살다가 결국 참수당한다. 엘리자베스의 인생도 초기에는 순탄치 않았으나 드넓은 학식과 출중한 외국어 능력으로 영국을 슬기롭게 다스렸던 군주로 평가된다.

당시 유럽에서는 여성은 홀로서기를 하기엔 부족한 존재이며, 가정에서 남편의 말에 복종하고 자녀를 양육하는 것이 가장 중요한 역할이라는 암묵적인 사회적 인식이 있었다. 엘리자베스 1세가 여왕으로 즉위했을 때 많은 이들이 그녀를 불신했다. 흉년이 들어 식량난을 겪거나 적국의 위협을 받을 때조차 여왕의 탓으로 돌렸다. 즉위 초기에는 엘리자베스 1세가 왕족과 혼인하여 낳은 왕자에게 왕위를 넘겨줄 것이라고들 생각했다. 의회에서도 여왕에게 혼인을 통해 영국을 일으키자고 여러 번 권유했다.

하지만 엘리자베스 1세 여왕은 "내게는 '영국'이라는 남편이 있다"라며 끝까지 혼인하지 않았다. 왕으로서의 역할과 책임을 다하겠다는 결단대로, 종교적 대립과 전쟁으로 인한 경제적 위기와 혼란을 지혜롭게 극복하고 안정적으로 왕권을 강화했다.

엘리자베스 1세 여왕은 신체적으로도 강인했다. 170센티미터의 키를 자랑스럽게 여겼다(16세기 유럽 남자의 평균 신장은 170cm 이하였다). 승마와 사냥을 즐기고, 매일 강도 높은 운동을 할 만큼 활발했다. 성격도 남달랐다. 그녀가 화를 내면 신하들이 벌벌 떨 정도였다고 한다. "신은 죄지은 너를 용서하겠지만, 나는 절대로 용서하지 않겠다God forgive you, but I never can"라는 말은 여왕의 칼 같은 성격을 그대로 드러낸다. 실제로 회의 중에 신하의 뺨을 치거나 슬리퍼를 집어 던지는 과격한 행동을 보이기도 했다고 한다. "내가 남자였다면 그런 말을 하지 못했을 것이다"라고 불같이 화를 냈다.

막강한 권력을 휘두르다간

이런 강하고 지배적 성향이 파국을 몰고 오는 경우도 있다. 중국 3대 악녀 중에서 가장 치밀하고 잔혹한 방식으로 권력을 탐했던, 당나라의 측천무후이다. 그녀는 중국 역사에서 황제의 자리에 오른 전무후무한 여성이다.

측천무후는 빼어난 미모로 당 태종의 눈에 띠어 입궁했다. 당 태종 마음에 쏙 들었던 명마가 몹시 거칠고 예민해서 길들이는 데 애를 먹자 측천무후는 가죽이 벗겨질 때까지 말에게 매질하고, 그래도 말을 듣지 않으면 쇠망치로 머리를 치라고 조언한다. 그럼에도 길들지 않으면 목을 베라고까지 했다.

당 태종이 죽은 후 측천무후는 후궁에 대한 관례에 따라서 비구니가 되어 궁에서 나왔다. 그녀는 당 태종의 아들이자 황제의 자리에 오른 고조의 명령으로 또다시 후궁으로 입궁했다. 아버지의 여인이 그의 아들과 재혼한 것이다.

측천무후가 고조와 혼인하여 입궁할 당시, 고조에게는 이미 정부인과 후궁이 있었다. 후궁이 고조의 관심을 독차지하여 정부인은 이를 질투하고 있었다. 이에, 정부인과 측천무후는 그 후궁을 제거하고자 했다. 측천무후는 정부인과 힘을 합치면서도 속으로는 다른 계획을 세우고 있었다. 결국 정부인과 후궁의 권력 싸움을 이용해 측천무후는 황후가 되었다. 황후가 되자마자 그녀는 자신을 방해하거나 반대했던 대신들을 모두 숙청했다. 측천무후의 권력욕은 황후에서 끝나지 않았다. 고조의 왕위를 물려받은 자신의 친아들 이홍과 이현 모두 자신의 뜻대로 움직이지 않자 살해한 후, 약한 고종을 황제로 세워 수렴청정했다.

측천무후는 끝없는 권력과 높은 지위를 열망하면서 그 누구도 넘보지 못하는 최고 자리에까지 오르게 된다. 자신의 권력을 유지하기 위해 자신을 가로막는 그 어떠한 장해물도 그냥 두지 않았다. 혈연까지 제거하는 냉혹한 측천무후에게서 부정적이고 어두운 다이아나의 성향을 발견할 수 있다.

우리에겐 남성성과 여성성 모두가 필요하다

현대 사회에서도 다이아나 성향을 보이는 여성이 적지 않다. 특히 사회적으로 성공한 여성들에게서 많이 볼 수 있다. 세상이 많이 좋아졌다고는 하지만 여전히 남성이 주를 이루는 사회에서 여성이 유리천장을 뚫으려면 도전적이어야 한다는 것은 인정해야 할 것 같다. 그러나 흔히 말하는 '남성성'만으로는 온전한 성공을 거둘 수 없다. 추진력을 발휘하되 세세한 것까지 챙길 수 있는 성향, 즉 공감이나 배려까지 겸비해야 한다. 그래야만 목표에 도달하기도 수월하고 사람들과의 관계도 원만해질 것이다.

다이아나 성향의 여성들이 성공하기 위한 첫 번째 관문은, 여성으로서의 자신에게 만족하는 데 있다. 여성으로서의 장점을 잘 살려내고 남성과 시너지 효과를 내야 한다. 상대를 경쟁자로 의식해서 어떻게든 밟고 올라가야 한다는 생각을 버리고 협업하는 다이아나가 되어야 할 것이다.

6

오만함이
극치에
이른 리더

휴브리스-네메시스 콤플렉스
Hubris-Nemesis Complex

누구도 자신을 쓰러뜨릴 수 없다고 생각한다. 권력욕과 자기 자신의 운명을 결정할 수 있다는 믿음으로 충만하다. 고난과 시련을 참을 수 있다고 자신하는 경향이 강하고 타인에게도 똑같은 희생을 강요한다.

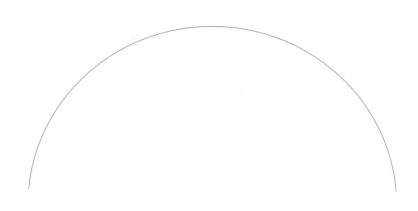

인류를 위한다는 믿음으로 인류를 파괴하다

봉준호 감독의 영화 〈설국열차〉에는 빙하기가 시작되어 온통 얼어버린 세상에서 살아남기 위해 열차 안에서만 살아가는 사람들이 나온다. 노아의 방주와도 같은 이 열차는 머리 칸부터 꼬리 칸까지 총 26칸으로 이루어져 있다. 부자들은 열차의 엔진이 위치한 앞쪽 칸에 승차하고 가난한 사람들은 빈민굴 같은 꼬리 칸에 무임승차를 한다.

18년간 단 한 번도 정차하지 않은 채 앞으로만 달려가는 열차 안 식량이 점차 줄어들자 배고픔과 불평등한 억압이 커져갔다. 특히나 꼬리 칸 사람들은 짐승만도 못한 취급과 대우를 받고 굶

주림으로 서로를 먹으려 싸우기도 한다. 바퀴벌레로 만든 단백질 블록을 식량으로 배식받으며 간신히 버틴다.

열차의 이 모든 계급구조를 만든 인물은 바로 열차를 설계한 윌포드이다. 그는 완전무결한 엔진을 만들어 신과 같은 존재로 통한다. 윌도프는 자신 덕에, 얼어붙은 지구에서 사람들이 살 수 있었다고 믿으며 자신이 구축한 이 세상, 즉 열차야말로 완벽한 낙원이라 여긴다.

그는 이런 자신의 믿음을 유복한 머리 칸 아이들에게 세뇌하고 꼬리 칸의 사람들을 노예처럼 이용하는 공포정치를 통해 스스로를 더욱 신격화했다. 그뿐만 아니라 열차 내 인구 수를 유지한다는 명목으로 끔찍한 싸움을 유도하여 서로를 죽이는 것도 허용했다. 폐쇄된 공간에서 생태계를 유지하기 위해서 살인은 정당하고 구원이라고 굳게 믿었다. 엔진을 가동하기 위해 꼬리 칸 아이들을 부품처럼 사용하는 것 역시 열차를 안정적으로 유지하기 위한 당연한 일이라고 생각한다.

꼬리 칸 출신 주인공이 윌포드와 독대하는 장면에서 윌포드의 강한 믿음을 볼 수 있다. 꼬리 칸부터 시작된 폭동은 걷잡을 수 없게 되고 설국열차는 끝내 폭발한다. 열차 속 사람들은 모두 죽고 2명의 아이만이 살아남는다. 바깥세상에서 인간은 살 수 없다던 윌도프의 믿음과 달리 2명의 아이는 아무렇지 않게 바깥세상으로 나오며 영화는 막을 내린다.

일찍이 정신분석가 카를 융은 "자만하는 의식은 이기적이고, 자신의 존재 외에는 전혀 의식하지 못하며, 과거로부터 배울 능력이 없다"고 말했다. 또한 동시대에 일어나는 사건을 이해할 수 없고 미래에 대해 옳은 결정을 내리지도 못한다고 경고한 바 있다. 융은 이들이 자기 자신에게 취해 누구와도 논쟁할 수 없고, 결국엔 피할 수 없는 엄청난 비극적 사건을 맞게 되리라고 덧붙였다. 한마디로 자만하는 인간은 생각할 능력도, 판단할 능력도, 들을 능력도 없다는 것이다.

리더가 자만심에 만취할 때

이런 사람이 리더가 된다면 어떨까? 융의 우려에 따르면 리더에게 자만심이란 거의 저주와도 같다. 융의 일갈을 뒷받침하듯, 미국 랜드연구소는 리더십에서 자만심의 위험에 대해 발표했다. 위기에 처한 국가 및 단체에는 공통적으로 힘 있는 지도자들이 있는데, 이들은 자만심이 극에 달하는 위험한 콤플렉스를 갖고 있다고 했다.

보고서에서 예로 든 인사들은 히틀러, 후세인, 김일성 등인데, 이들은 자신이 전능하고 그 누구도 자신을 쓰러뜨릴 수 없다는 생각을 강하게 갖고 있었다. 권력욕이 크고 스스로 운명을 결정할 수 있다는 믿음으로 충만한 이들이었다.

랜드연구소의 데이비드 론펠트 박사는 이들이 가진 위험한 콤플렉스를 '휴브리스-네메시스 콤플렉스'라 명명했다. 자만과 처벌이 짝을 이룬 성향으로, 자신을 신과 같다고 생각하는 한편 상대방을 이겨서 굴욕감을 주고 처벌하려는 마음을 갖고 있다.

휴브리스는 그리스 신화에서 유래했고 토인비가 역사의 변화를 설명하면서 인용해 널리 알려졌다. 한마디로 휴브리스란 자신을 신과 같다고 여기며 행동하다가 모든 신들과 인간들에게 거부당하고 벌을 받게 되는 성향을 가리킨다. 고대 그리스에서는 법에 대한 순종aidos과 자기절제sophrosyne를 가치 있게 여기는데, 휴브리스가 있는 한 이 미덕은 무용지물이다.

오만함은 아무래도 리더들의 취향인지, 휴브리스는 그리스 신화에서도 주로 지도자나 정복자에게서 나타난다. 이들은 자신의 힘과 권력을 남용하며 야망이 지나쳐 신들에게 도전하는 모습을 보이곤 한다. 신들이 이를 좌시할 리 없다. 휴브리스적 성향이 눈에 띄면 신들은 자신과 인간 사이의 균형과 정의를 회복하기 위해 여신 네메시스를 땅으로 보내어 벌을 준다.

고대 신화에서 네메시스는 밤의 신의 딸이다. 네메시스의 뜻은 '나누다, 분배하다'로, 그녀는 율법의 여신이다. 부당한 방법으로 복을 누리며 악을 행하는 사람들에게 벌을 주는 것이 임무이다. 또한 지나친 행복을 누리는 이에게는 실패와 고통을 주어

겸손을 가르친다.

네메시스는 그리스 신화에서 인과응보에 관한 이야기에 종종 등장한다. 그녀는 제우스가 계속 접근하자 거위로 변신해 몸을 피했다. 제우스는 포기하지 않고 백조로 몸을 바꿔 그녀를 겁탈해 알을 낳는다.

네메시스는 제우스에게 항복해 순종했지만, 당하고만 있지는 않았다. 그녀가 낳은 알이 바로 그리스 역사상 가장 참혹한 전쟁인 트로이 전쟁의 발단이 된 헬렌이었기 때문이다. 융 심리학자들은 제우스의 행동이 네메시스로 하여금 영원히 복수하는 존재가 되게 했다고 분석한다. 그녀는 제우스를 비롯해 여러 오만한 존재들에게 벌을 주었다.

네메시스는 오만한 사람에게는 재기의 여지가 없도록 단호하게 보복하고 필요하다면 대량살상도 단행하지만, 상대방에 대한 개인적 분노로 처벌하는 것은 아니다. 자만심이 강한 인간들을 파괴함으로써 세상의 무너진 질서를 바로잡으려는 도덕적 의도가 강하다. 인간들의 휴브리스적 성향이 네메시스의 처벌을 부르는 인과관계가 생겨난 것이다.

그런데 휴브리스-네메시스 콤플렉스에서는 이 인과관계가 왜곡돼 나타난다. 오만한 사람이 벌을 받는 게 아니라 "나는 신처럼 완벽하므로 너희를 처벌하노라"라는 의식의 흐름으로 변질된 것이다. 오만함이 신의 경지에 이르렀다고나 할까.

이러한 인물들은 교만한 동시에, 휴브리스를 가진 다른 사람들을 보며 네메시스처럼 복수하고자 한다. 예컨대 피델 카스트로는 휴브리스와 네메시스를 함께 가진 인물이다. 그는 강력하고 카리스마 있는 리더로, 적들에게는 복수를 하며 동시에 권력을 넓히려는 전체주의적 방법을 사용하곤 했다.

다른 이들을 처벌하려면 자신에게 절대적인 권력이 있어야 한다. 이 권력은 그들로 하여금 휴브리스를 갖게 한다. 이처럼 휴브리스와 네메시스는 상반되는 개념이지만, 역설적으로 서로를 강화해 사람들로 하여금 더 큰 권력을 갈망하게 만든다.

웨스트버지니아대학교의 다이앤 럼블 정신의학 교수와 베넷 램버그 미국 국무부 분석가 등 많은 학자들이 사회적 리더들을 분석하면서 이 콤플렉스를 언급하곤 했다. 현대 미국 역사에서는 베트남전쟁, 닉슨 대통령의 워터게이트 사건과 1979년 이란의 이슬람혁명 등이 미국 지도자들의 오만과 독선이 낳은 결과로 거론되고 있다.

오만함의 파괴적 영향력

학자들이 공통적으로 지적하는 것은 이들 리더의 파괴적 영향력이다. 휴브리스와 네메시스적 특성이 결합된 리더들은 구체적으로 어떤 모습을 보일까?

첫째, 파괴적이며 체계적인 메시아 사상을 만든다.

휴브리스-네메시스적 리더들은 스스로를 구원자라고 믿으며, 자신의 운명이나 미션은 역사적이며 시간을 초월하는 수준이라고 생각한다. 나아가서 이들은 소속 집단을 넘어 더 넓은 범위에서 자신과 소속 집단의 대단함을 입증하고 존경받고 싶어 한다. 많은 독재자들이 자신을 우상화하는 한편 국제 사회에 자국의 경제 상황을 미화하지 않던가. 미륵 세상을 만들겠다며 무소불위의 권력을 행사하며 폭군이 되어간 궁예가 전형적인 예이다.

둘째, 자신의 폭력적인 행동을 높고 도덕적인 이상으로 정당화한다.

휴브리스-네메시스적 리더들은 자신을 따르는 사람들이 좋아할 만한 것을 제안한다. 가장 흔한 형태가 혁명 혹은 쿠데타이다. 그와 동시에 사람들이 싫어할 만한 것도 함께 제시한다. 적국敵國 개념이 생기는 것이다. 선과 악의 기준이 절대적이고 적들에게 분노한다.

그러나 이들은 적이 나빠서 분노하는 게 아니다. 적에게도 있는 휴브리스 때문에 적을 비난하고 파괴하려 하는 것이다. 이들은 사람들에게 물질적 안정이 아니라 도덕적 목표에 따라 살아갈 것을 강조하고, 적에게 가하는 폭력 또한 도덕적 목적을 이루기 위함이라고 포장한다.

셋째, 다른 사람들에게 절대적인 충성과 관심을 요구하며, 권력을 가지려 한다.

이 힘은 과거를 극복하고 높은 목표를 이뤄야 하는 운명을 지지하며 외적·내적 위협에 맞서는 기반이 된다. 또한 이들은 무시당하는 것을 끔찍이 싫어하기 때문에 지속적인 관심을 요구하고 더 많은 사람들에 둘러싸여 더 넓은 무대에 서고자 한다. 관심과 권력을 독점하려는 성향이 강하기 때문에 라이벌의 등장을 가만히 두고 보지 않는다. 집단 내 라이벌들이 도전하면 바로 제거한다. 그들 사전에 협동이나 겸손이란 애당초 없다, 아군이든 적군이든.

넷째, 격렬한 갈등 때문에 자기희생을 자초할 수 있다.

이들은 자신이 시련을 반드시 이겨내야 한다고 믿는다. 그리고 자신을 따르는 사람들에게도 똑같이 고난과 희생, 갈등을 이겨내고 목표한 것을 이루라고 강요한다.

그런데 여기에는 이상한 심리가 숨어 있다. 더 많은 적들의 공격을 받을수록 자신이 더 강하다고 생각하는 것이다. 특히 젊을수록 더 큰 시련을 참을 수 있다고 자신하는 경향이 강해서, 때로는 스스로를 위협할 정도의 고난을 극복하고 싶어 한다. 죽음을 무릅쓰고 적과 일전을 불사하는 무모함을 보이기도 한다. 이들이야말로 명예롭지 못한 굴복보다는 명예로운 죽음을 택할 유형이다. 더 큰 문제는, 타인에게도 똑같은 희생을 강요한다는 것이다.

자신을 영웅적인 인물로 생각하고 세상을 바꿀 수 있다는 자신감 넘치는 태도로 사는 것이 반드시 부정적인 것은 아니다. 적당한 수준의 휴브리스-네메시스적 성향을 가진 리더들은 이상적인 목표를 가지고 직접 실행에 옮기는 등 자신이 이끄는 집단의 발전을 위해 헌신한다.

이 콤플렉스는 대개 일촉즉발의 위기상황일 때 뚜렷이 나타난다. 그런 상황에서 휴브리스-네메시스적 리더들은 이루지 못할 목표를 세우고, 급진적이며 교만하게 굴기 때문에 사람들에게 버림받기도 한다.

이 콤플렉스를 처음으로 정의한 론펠트는 이 콤플렉스의 기저에 병적이고 해로운 자아도취적 성향이 있다고 설명한다. 교만하며 복수를 일삼는 리더들은 흥미나 목표, 이익, 비용 그리고 위협을 바탕으로 한 상식적이고 효율적인 판단을 하지 못한다. 오직 자신의 뜻대로 움직이고 방해물을 걷어낼 뿐이다.

"나는 얼마나 대단한 존재인가"

휴브리스 성향은 아동기나 청소년기에 생겨난다. 이 시기에는 자신이 권력을 가지고 있으면 언제든 이길 수 있다는 자아도취 성향이 나타난다. 미국의 정신분석학자 하인즈 코헛과 오토 컨버그는 휴브리스 성향이 어린 시절, 특히 3세 이전에 생겨날 수 있다고 설명한다.

아이들은 자신을 대단한 존재로 생각하다가 서서히 자아도취 단계에서 벗어난다. 부모를 이상적인 존재로 생각하고 자신에게는 현실적인 이상을 부여한다. 그런데 이때 부모와 잘못된 관계를 맺으면 자아도취적 문제들이 생겨날 수 있다는 것이다. 코헛은 부모가 자기애에 빠진 아이에게 적절한 관심을 주지 않고 인정해주지 않으면, 아이는 자신을 비현실적으로 과장해서 보고 타인에게 인정받으려는 시기에서 발달을 멈춰버린다고 주장한다.

한편 컨버그는 자아도취적 성향의 근원은 공감해주지 않는 냉정한 부모로부터 아이가 자신을 보호하려는 움직임에서 시작된다고 보았다. 부모의 관심과 사랑을 받지 못한 아이는 정서적인 면을 채워주지 않는 부모에게 분노해 스스로를 격리시킨다. 정서적 충만함에 대한 갈망은 아이로 하여금 스스로를 지나치게 과장하게 만들거나, 반대로 자신이 가치 없는 존재라고 생각하게 한다.

론펠트는 이같이 주 양육자로부터 거절당하고 상처받고 자신을 부끄러운 존재라 느끼게 되면, 분노와 혐오의 감정을 갖고 복수를 하게 된다고 했다. 자부심이 지나치고 야망도 커서, 권력을 쥐고 전능해지고 싶어지는 것이다.

자아도취적 문제로 휴브리스적 성향을 가진 사람들은 이후 사회생활을 하며 다른 사람들에게 부정적인 감정을 품고 복수하고 싶어질 때 네메시스적 성향을 갖게 된다. 이처럼 휴브리스적 성향이 먼저 생겨난 뒤 네메시스적 성향이 형성되는 게 일반적이다.

휴브리스 성향을 갖게 되는 데는 사회적 원인도 점검해봐야 한다. 1960년대 역사학자들과 사회학자들은 서양 문화에서 나타나는 자아도취적 성향을 조명하기 시작했다. 이들은 서양의 근대사회가 사람들의 자아도취적 성향을 더욱 강화했다고 주장했다. 평범한 삶보다 부와 명예를 누리는 삶에 집착하는 미디어, 겸손함과 절제보다는 돈과 지위, 업적 등을 더욱 높이 사는 사회적 분위기도 자아도취를 강화하는 주요 요소이다.

또한 내적 신념과 가치보다는 겉으로 보이는 리더십 스타일을 중시하는 분위기, 능력을 객관적으로 바라보기보다 기억에 남는 인상적인 부분을 더 중요하게 생각하는 조직의 평가 방식도 '튀고 강한' 사람에게 유리할 수밖에 없다.

항상 옳을 수는 없다

고대인들은 신의 자리를 넘보는 인간의 자만심을 끊임없이 경고했다. 〈오이디푸스 왕〉의 작가 소포클레스는 당시 아테네인들이

신이 아닌 인간이 자신의 운명을 결정할 수 있다고 믿는 모습을 보며 머지않아 아테네의 문화와 질서, 조화가 깨질 것이라 염려했다. 그는 이상적인 왕이지만 자만으로 비극적 운명을 맞는 오이디푸스 왕의 이야기로 이를 경고하려 했다.

소포클레스 이후 2천 년이 지나고, 이번에는 메리 셸리가 과학의 힘에 열광하며 새로운 창조물을 만들지만 그 때문에 사랑하는 모든 것을 잃는 프랑켄슈타인의 이야기를 발표해 정해진 한계를 넘으려 하는 자만심에 대해 경고했다.

자만심에 눈이 먼 캐릭터는 언제나 있었다. 타락한 천사 루시퍼, 자기에게 눈이 먼 오이디푸스, 창조주가 되겠다는 야망을 품었던 프랑켄슈타인, 대량학살자 아돌프 히틀러와 같이 종교와 신화에서부터 문학과 역사에서 어렵지 않게 찾아볼 수 있다.

이들의 운명은 우리에게 경고한다. 자만과 응보應報는 한 사람 안에 공존할 수 없다는 것 말이다. 휴브리스-네메시스 콤플렉스의 결말은 더 큰 네메시스뿐이다. 한 사람으로 인해 숱한 사람들이 고통받는다.

지금 이 순간 '내가 옳다'라는 지나친 자만과 오만을 가진 것은 아닌지 스스로 점검해보아야 할 것이다. 물론 소신과 자신감은 중요하다. 그러나 자만심은 위험하다. 다른 사람의 말에 귀 기울이고 그 충고를 진심으로 받아들이는 자세가 중요하다. 나이가 들어갈수록 지위가 올라갈수록 자만과 오만에 빠지기 쉽다.

타인에게 무조건적인 복종을 요구하고 있는 것은 아닌가 짚어봐야 한다.

팀원이 내 말을 안 듣는다고, 나의 옳은 의견을 몰라준다고 자신의 권력으로 제압하려 하는 것은 아닌가. 그들이 의견을 내면 낼수록 내 말만을 고집하고 있는 것은 아닌가. 결국 나와 내 조직이 파멸로 가고 있는 것을 나 자신만 모르고 있는 것은 아닌가. 내 판단이 정확하다는 오만이 많은 사람을 파멸로 몰고 가는 오판일 수 있음을 자각해야 할 것이다.

제2부

나를 신뢰로 이끄는 힘은
어디서 오는가

따뜻한 관계를 열망하는 콤플렉스

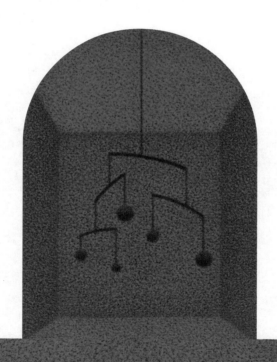

7

타인의
인정만이
희망

파에톤 콤플렉스
Phaethon Complex

인간은 누구나 가치 있는 존재가 되고자 하는 욕구가 있다. 의식주가 충족되어도 감정적 욕구는 채워지지 않는다. 다른 사람이 나에게 관심을 가져주는 것에서 나아가서 괜찮은 사람, 훌륭한 사람이라는 인정이 없다면 견딜 수가 없다.

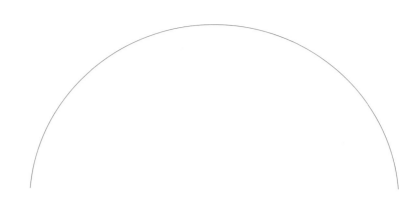

명성을 찾아서

"나는 천제天帝의 아들이며, 하백의 따님을 어머니로 모신 추모 왕이다." 고구려의 시조, 주몽의 말이다. 금와왕 슬하에서 더부살 이 신세를 면하지 못하던 주몽은 자신이 하늘의 아들임을 깨닫 고 22세의 나이에 고구려를 세운다.

한민족 역사에서 가장 드라마틱한 인물 중 한 명인 주몽은 훗 날 이규보의 〈동명왕편〉을 필두로 최근의 드라마까지, 수많은 영 웅담으로 재탄생되었다. 신화에서는 주몽이 스스로 '하늘의 아 들'이라 했지만 드라마에서는 인간 해모수의 아들로 묘사되었 다. 40년밖에 안 되는 주몽의 짧은 생 가운데 절반은 아버지를 그리워하는 것으로 채워졌다.

주몽의 아들 유리왕 또한 태중에 아버지와 이별하고 '아비 없는 자식'의 설움을 견디다 다 크고 나서야 고구려에 가서 태자가 된다. 그리고 냉혹한 아비가 되어 두 아들을 죽음으로 내몰고 만다.

아버지의 부재로 괴로워하는 영웅들이 많다. 영국의 저널리스트인 루실 아이어먼저는 저서《불타는 마차The Fiery Chariot》에서 영국 수상들에 관한 흥미로운 사실을 소개한다. 이들은 모두 비정상적으로 예민했으며, 혼자 있고 싶어 하는 경향이 강했다. 그러면서도 강박적으로 애정과 인정을 갈구했다. 원인을 찾던 그녀는 영국 수상들의 전기에서 공통점을 발견한다. 상당수가 어릴 적에 부모를 여의었다는 사실이다. 총 24명 중 16명이었다.

아동기의 박탈감이 과연 정치적 성공을 견인했을까? 이 둘 사이의 상관관계를 설명할 수 있는 것으로 프로이트의 제자인 메리즈 쇼아지가 정의한 '파에톤 콤플렉스'가 있다.

쇼아지는 사생아로 태어난 환자들을 대상으로 그들의 어릴 적 경험들이 자아 형성에 어떤 영향을 미쳤는지 연구했다. 그 결과 그들에게 공통적으로 스스로를 자책하며 느끼는 불안과, 태어난 것에 대해 느끼는 죄책감이 있다는 것을 발견했고 이를 파에톤 콤플렉스라 이름 붙였다.

어린 시절에 받아야 하는 정상적인 애정이 결핍되었을 때 비정상적인 욕망으로 이어진다는 설명이다. 사랑받지 못한 아이는 과도한 인정 욕구를 갖게 되어 성장한 후 권력과 정치적 명성을 좇게 된다고 했다.

가치 있는 것이 되고 싶었던 파에톤

파에톤은 태양신이 인간과 바람을 피워 낳은 아들이다. 그래서 천상에 살지 못하고 아버지와 떨어져 자랐다. 하루는 제우스의 아들 에파포스가 족보 자랑을 하고 나서자 파에톤은 자신이 태양신의 아들이라고 맞불을 놓지만, 허풍쟁이라는 놀림만 받는다.

파에톤이 기가 푹 꺾여서 오자 어머니는 아들을 아버지에게 보내고, 헬리오스는 슬퍼하는 아들을 달래기 위해 무슨 소원이든지 한 가지를 들어주겠노라 약속한다. 파에톤은 자신이 태양신의 아들임을 온 세상에 알릴 수 있도록 아버지의 태양마차를 몰게 해달라고 부탁한다. 4마리의 천마天馬가 이끄는 태양마차는 헬리오스 자신도 다루기 까다로웠지만 아들의 청을 거절하지 못하고 할 수 없이 고삐를 넘겨준다.

그러나 파에톤의 미숙한 통제에 천마가 순순히 응할 리 만무하고, 마차는 하늘 끝까지 치솟았다가 땅으로 곤두박질친다. 이로 인해 바람에 강과 바다, 농작물이 모두 말라죽는 사태가 벌어진다. 이에 놀란 제우스는 더 큰 피해를 막기 위해 번개를 던지

고, 신의 아들이고자 했던 파에톤은 태양마차에서 떨어져 결국
죽게 된다.

  파에톤 콤플렉스를 가진 사람들은 다른 사람들로부터 인정받
고 싶은 욕구가 지나칠 정도로 강하고, 비정상적으로 예민하다.
사회생활에 부적응하며, 고독감, 우울증, 신경증, 조바심을 보인
다. 이는 모두 어린 시절에 충분히 받지 못한 애정에 대한 강한
욕망과 갈구 때문이다.

"나 잘하지?"

인간은 누구나 가치 있는 존재가 되고자 하는 욕구가 있다. 의식
주 등 생존에 필요한 기본 욕구가 채워진다 해도 사람은 누구나
감정적 욕구를 가지고 살아간다. 다른 사람에게 인정받고자 하
는 욕구는 사람의 가장 큰 동기이기도 하다. 다른 사람이 나에게
관심을 가져주는 것에서 나아가서 괜찮은 사람, 훌륭한 사람이
라는 인정을 받고 싶어 한다.

  이런 인정 욕구는 어린 시절 부모의 인정에서부터 시작된다.
아기였을 때 우리의 생존은 부모와의 관계에 달려 있다고 해도
과언이 아니다. 먹여주는 것 같은 생물학적인 욕구의 충족뿐 아
니라 심리적 욕구를 충족해주기 때문이다. 안아주고 쓰다듬어주

는 것에서부터 시작하여 두 살 무렵부터는 부모가 자신을 얼마나 가치 있는 존재로 인정해주는가에도 영향을 받게 된다.

아이는 걸음마를 시작했을 때조차 한 발짝 떼고 엄마 얼굴을 돌아보고, 한 번 깡충 뛰고 나서도 엄마 얼굴을 돌아본다. 아직 말은 잘 못해도 "나 잘하지? 나 이런 것도 잘하지?"라고 묻고 있는 것 같다. 자신을 인정해달라는 의미이다.

그런데 어린 시절 양육자에게 충분한 사랑과 인정을 받지 못하면 인정 욕구가 불안함으로 변질된다. 아이의 자신감은 사라지고, 극단적으로는 부정적 성격 형성의 한 원인이 되기도 한다. 누군가로부터 조롱당하거나 거절당할 때 자신감도 떨어지고 자신을 바라보는 관점도 함께 부정적으로 변한다. "난 역시 별로야. 쓸모없는 존재야"라는 자괴감으로 가득 차게 된다.

이러한 내면의 불안감을 극복하기 위해 다른 이들로부터 사랑과 인정을 받아서 스스로의 가치를 증명하고자 끊임없이 노력하게 된다. 그리고 그 과정에서 다른 사람들이 내게 보내는 시선, 나에 대해서 하는 말들에 매우 예민하게 반응하기도 한다. 이런 일련의 행동 패턴을 파에톤 콤플렉스라 한다.

이들은 또한 종종 자신의 능력을 과대포장하면서 타인을 지나치게 폄하하는 경향을 보이기도 한다. 인정 욕구가 크기 때문에 엄청나게 노력해 사회적으로 성공을 거두기도 하지만, 원하는 만큼의 인정을 받지 못한다는 생각으로 사회생활에 적응하지 못하고 고독감, 우울증, 신경증, 조바심을 보이기도 한다.

오늘날의 생존경쟁은 파에톤 콤플렉스를 더욱 부추기는 경향이 있다. 줄기차게 경쟁을 추구하고 인정받고자 하는 성향 자체가 오늘날의 성공 요건에 부합하기 때문이다. 경쟁 속에 사는 현대인들은 태양신의 아들임을 증명하려다가 파멸에 이른 파에톤의 삶을 살기가 쉬운 것 같다.

정치인의 어린 시절

특히 정치인 중에는 타인의 인정을 갈구하며 불안에 떠는 사람들이 많다. 가문의 뒷받침 없이 혈혈단신으로 권력의 정점에 올랐으며 재임기간 동안 파란만장한 이슈를 몰고 다녔던 미국 대통령 리처드 닉슨과 빌 클린턴도 예외가 아니다. 영국의 비즈니스 전략가이자 코치인 제임스 쿡은 리더들의 파에톤 콤플렉스를 설명하면서 닉슨과 클린턴을 예로 들었다.

"MAKE AMERICA GREAT AGAIN!"을 외쳤던 미국의 제45대 대통령 도널드 존 트럼프. 거침없는 언행으로 임기 내내 그에 대한 평가로 전 세계가 떠들썩했던 만큼 트럼프의 정신 건강에 관한 관심도 매우 높았는데, 하버드대학교 정신과 전문의들이 트럼프의 정신 건강에 대해 심각한 우려를 표명하는 서한을 작성

했을 정도였다.

트럼프를 분석한 많은 자료에서 '인정 욕구'는 가장 쉽게 찾아볼 수 있는 키워드 중 하나이다. 그 예로, 《트럼프의 진실》의 작가 마이클 단토니오가 "거물 기업인으로 성장하는 과정에서 트럼프 대통령은 집착적인 인정 욕구를 보여왔다"라고 한 바 있다. 하지만 트럼프는 대통령으로 당선되기 이전에 이미 부동산 재벌 가문에서 태어나 뉴욕의 손꼽히는 사교계 명사였기 때문에 트럼프가 인정 욕구를 가졌다는 것에 의문이 들 법도 하다. 이에 대한 이유를 찾기 위해 많은 사람들이 트럼프의 가족과 어린 시절에 주목했다.

트럼프는 무척 엄격한 아버지에 의해 길러졌는데, 그의 부친은 트럼프가 하고자 하는 것에서 완벽한 승리와 성공 이외에는 어떠한 것도 용납하지 않았다. 트럼프의 조카이자 임상심리학자 메리 트럼프는 트럼프 정신분석 보고서인 《너무 과한데 만족을 모르는Too Much and Never Enough》을 통해 직접 삼촌을 관찰하고 분석한 결과를 공개했다.

특히 이 책에서는 아버지의 기대에 미치지 못해 학대를 받으며 알코올 의존증으로 사망한 친형 프레드 트럼프 주니어를 반면교사로 삼은 트럼프가 변해가는 과정을 풀어내고 있다. 메리 트럼프는 트럼프 가문에서 '두려움'은 곧 '나약함'이었으며, 형의 죽음까지 더해져 아버지에게 인정받고자 하는 트럼프의 욕구는 더욱 커져갔다고 했다.

이를 두고 《거래의 기술》의 공저자 토니 슈워츠는 "트럼프는 수치심에 대해 병적인 두려움이 있다" "약하고 작아 보이는 것은 용납할 수 없을 것"이라 말했다. 트럼프는 지배 욕구가 강한 아버지 밑에서 어린 시절을 보내면서 세상과 끊임없이 전쟁하는 법을 배웠다. 트럼프는 성인이 되어서까지 제대로 된 인정을 받지 못한 채 1999년 아버지를 떠나보냈다. 결국 아버지의 인정에 대한 갈증을 해소하지 못한 트럼프의 욕구는 언론에까지 번져갔다.

미국의 주류 언론은 트럼프를 성공한 사업가라고 보지 않았으며, 그가 미국의 대통령이 된 이후에도 그의 정치적 행보에 호의적인 반응을 보이지 않았다. 트럼프는 일명 '트위터 정치'를 펼쳤는데, 이는 주류 언론에 대한 반감에서 비롯된 것으로 분석된다.

자신을 비판한 자는 수단과 방법을 가리지 않고 비난하는 트럼프가 이미 자신에 대해 비우호적인 평가를 한 특종 기자 밥 우드워드의 인터뷰에 적극 응하여 많은 사람들이 놀라움을 금치 못했다. CNN 방송은 이를 두고 "워터게이트 특종을 내놓은 우드워드의 무게감 때문에 누구든 그와 인터뷰하는 것 자체로 '인정받았다'는 자부심을 갖게 했을 것"이라고 해석했다.

2002년 BBC에서 실시한 "가장 위대한 영국인은 누구인가?"라는 설문조사에서 수많은 거물을 제치고 윈스턴 처칠이 당당하게 1위를 차지했다. 역대 영국 총리 중 윈스턴 처칠은 현재까지도 존경받는 정치인이다. 2차 세계대전에서 승리를 이끌어낸 전쟁 영웅으로 여겨지기도 한다. 또한 뛰어난 글솜씨로 노벨문학상을 수상하고 미국에서 회고전을 열 만큼 그림에서도 두각을 나타낸 예술가이기도 하다.

정치면 정치, 예술이면 예술, 모든 면에서 타고나기를 다재다능한 것처럼 보이는 처칠이지만, 그의 어린 시절만 살펴본다면 그 누구도 존경받는 처칠을 상상하지 못할 것이다.

그는 학창 시절 상습적인 지각과 친구들과의 잦은 다툼으로 '신용할 수 없는 학생'이라는 평가를 받았다. 공부에도 재능이 없어 "변호사가 되기에는 머리가 나쁘고 목사가 되기에는 성격이 안 좋고, 그렇다고 다른 능력도 안 보이니 군인이나 돼라"라고 한 아버지의 뜻에 따라 3수 끝에 샌드허스트사관학교에 입학할 수 있었는데, 기병과 보병 중 입학 커트라인이 낮은 기병을 지원하여 아버지에게 실망 섞인 소리를 들어야만 했다.

평생 아버지의 냉담함과 못마땅함을 견뎌냈던 처칠이지만 우수한 성적으로 사관학교를 졸업하고, 종군 기자, 해군장교, 정계 활동을 하며 꾸준히 아버지를 우상화했다. 처칠은 27세라는 어린 나이에 의회에 입성한 후 아버지의 뜻을 잇겠다는 포부를 밝히며 활발한 정계 활동을 펼쳐나갔다. 처칠은 35세 되던 해 재무 장관 제의를 받았는데 "이 제의는 저의 야망을 충족해줍니다. 저는 아직도 아버지의 재무 장관 시절 관복을 가지고 있습니다. 홀륭한 관직에 오르게 된 것을 자랑스럽게 생각합니다"라고 하며 아버지의 뒤를 잇게 된 것에 기쁨을 표하기도 했다.

처칠은 아버지의 자리만 이어받은 것이 아니었다. 처칠의 아버지는 의견을 굽힐 줄 모르는 면모로 재무 장관 자리에서 물러난 적도 있었다. 처칠은 이러한 아버지를 본받아, 평생 극심한 우울증에 시달렸음에도 불구하고, 정치를 할 때만큼은 대범한 태도와 유머로 영국인들의 존경을 받는 인물로 남게 되었다.

스스로의 팬이 될 것

헤겔은 인간의 자기의식을 설명하면서 '인정 투쟁'이란 개념을 제시했다. 그는 인간들 사이의 모든 갈등은 인정받고자 하는 욕망에서 비롯한다고 보았다. 인정 욕구를 충족함으로써 자기 정체성을 확립한다고 본 것이다. 인간의 자아는 타자가 자신을 자립적인 가치로 인정해주기를 바라는데, 이 과정은 "되면 좋고 아니면 말고" 정도가 아니라 생사를 건 투쟁이다.

헤겔의 개념을 들지 않더라도, 정도의 차이는 있겠지만 기본적으로 우리는 모두 다른 사람들로부터 인정받기를 원한다. 인정받으려는 욕구를 본능적으로 지니고 있다.

그러나 가장 중요한 것은 내가 나를 인정하는 것이다. 누군가가 인정해주지 않아도 우리는 스스로를 계속해서 인정해줄 수 있다. 스스로가 인정할 만한 행동이나 말을 했을 때, 주저하지 말고 스스로를 칭찬하고 격려해야 한다.

상대방이 나를 이해해주지 않을 때 화부터 내기 십상이지만, 이럴 때일수록 잠시 멈추고 천천히 숨을 내쉬어보자. 그리고 스스로에게 말을 걸어보자. "괜찮아, 다른 사람들이 어떻게 생각하든 내 기분을 망가뜨릴 수 없어"라고 말하는 것이다. 별거 아닌 것 같지만 스스로를 다독거리는 이런 한마디만으로도 기분이 달라지고 위안받을 수 있다. 스스로를 인정하고 사랑하는 것이 가장 중요하다.

무엇보다 남과 나의 경계를 분명히 해야 한다. 남들이 나에 대해 하는 말이 '나'는 아니지 않은가. 그들이 나에 대해서 온전히 다 이해하고 아는 것도 아니지 않은가. 다른 사람의 의견에 영향을 받는 것은 인간이기에 어쩔 수 없지만, 스스로 특별하고 남과 다른 독자적인 개인임을 기억해야 한다. 다른 사람에게 나의 가치를 증명할 필요는 없다. 그들에게 휘둘릴 필요가 없다. 가장 중요한 것은 내가 나 스스로를 인정하는 데 있기 때문이다.

타인은 내가 아니다. 이 단순한 진리를 인식하지 못하면 남의 말 한마디, 눈짓 하나에 휘둘리다 인생이 끝날지도 모른다. 그런 반응에 민감해지지 않도록 스스로의 심리적 건강을 유지하자.

세상 모든 사람들이 나를 좋아하고 인정해주지는 않는다. 나에 대해서 잘 모르는 사람, 싫어하는 사람, 좋아하는 사람이 있을 수밖에 없다. 그들에게 너무 신경쓰지 말고 내 가족, 내 친구, 나를 지지해주는 사람들이 있다는 사실을 스스로 상기하자. 적어도 영원한 내 팬fan인 내가 있지 않은가.

8

공허함을
잊기 위한
가짜 흥분

돈 주앙 콤플렉스
Don Juan Complex

어린 시절 사랑받고 싶었으나 사랑받지 못했다. 사랑의 자극이 없으니 스스로 자극을 만들어낸다. 끊임없이 여성을 유혹하고 성적 활동을 탐닉한다. 그러나 무의미한 몸부림일 뿐, 공허함은 채워지지 않는다.

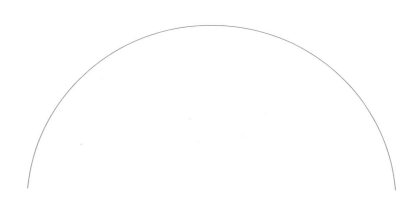

완성된 남자의 미완성 상태

나쁜 남자는 치명적 매력으로 여자를 사로잡지만, 그 여자를 자기 것으로 만들고 나서는 언제 그랬냐는 듯이 그녀를 거들떠보지 않는다. 상대방이 상처를 입든 말든 상관없이 다른 여자를 찾아 기웃거리고, 사로잡고, 싫증내고, 버리기를 반복하는 남자이다.

미국 소설가이자 저널리스트 어니스트 헤밍웨이도 그런 남자가 아닌가 싶다. 헤밍웨이의 심한 여성 편력은 지금까지도 입에 오르고 있다. 4번의 결혼을 했으며 패턴은 항상 동일했다. 차례대로 해들리 리처드슨, 폴린 파이퍼, 마사 겔혼과의 결혼 생활 도

중 바람을 피우고 재혼을 하는 식이었으며, 마지막 부인은 메리 웰시 헤밍웨이었다. 헤밍웨이는 여성을 좋아하고 정복하고 싶어 했을 뿐만 아니라 넘쳐나는 성욕을 억제하기 위해 의약품을 사용하기도 했다고 한다.

헤밍웨이의 이러한 편력은 어디에서부터 시작되었던 것일까? 오페라 가수였던 어머니의 연극성 성격은 온 가족에게 부담이었다. 자식들에게 자신을 사랑한다면 예술을 하라며 압박했고, 헤밍웨이에게 여자 옷을 입히기도 했다. 그가 29세가 되었을 때, 아버지가 질병과 재정 문제로 권총 자살하자 이를 어머니 때문이라고 생각했다. 헤밍웨이는 아버지를 어머니에게 복종하는 가없은 존재로 보았다. 가족을 난폭하게 대했던 아버지 밑에서 유년기를 보낸 그는 부모와의 정상적인 상호작용은 불가능했을 것이다.

가정환경과 더불어 그의 첫사랑 실패는 내재되어 있던 돈 주앙 콤플렉스에 방아쇠를 당겨 본격적인 콤플렉스 발현으로 이어졌다. 21세 헤밍웨이는 17세 연상의 금발 간호사 아그네스 폰 쿠로프스키와 사랑에 빠져 그녀에게 청혼했지만 거절당했다. 헤밍웨이는 그녀의 청혼 거절을 배신으로 생각했고, 여성 편력 서막이 열렸다. 그는 이후 4명의 여성과 결혼했지만 매번 끊임없는 불륜으로 문제가 생겼다. 첫 아내 해들리 리처드슨과 결혼했지만 〈보그〉 편집자 폴린 파이퍼와 불륜을 저질러 6년간의 결혼

생활을 청산했다. 재혼 후 13년간 결혼 생활을 유지하지만 특파원 출신인 마사 겔혼과 또 불륜 관계로 발전하면서 폴린 파이퍼와 이혼하고 마사 겔혼과 재혼했다.

그는 자녀의 존재를 부정하고, 심지어는 아내의 죽음을 자녀의 탓으로 돌리기까지 했다. 불륜으로도 모자라 불륜 상대를 데리고 아내 앞에 나타나기도 하는 모습에서 상대방의 감정 따위는 일절 고려하지 않는 것을 알 수 있다.

헤밍웨이는 아이다호에 있는 자신의 집 현관에서 엽총 자살로 생을 마감했다. 그의 마지막 일기장에는 "나는 필라멘트가 끊긴 텅 빈 전구처럼 공허하다"라고 쓰여 있다. 한 여성과의 관계에 정착하지 못하고 영원히 자신을 채워줄 여성을 찾아 끊임없이 헤맸음에도 불구하고 늘 텅 빈 전구였던 삶이었다.

피카소의 경우 세간에 알려진 여자만 7명이고 숨겨진 여자가 2명 더 있었다. 이 중 2명은 자살했고 2명은 정신 이상자가 되었다. 이들 모두 피카소의 바람기에 고민이 많았다고 한다.

라파엘로 역시 여성 편력이 심했다고 한다. 라파엘로의 장례식에는 자신이 라파엘로의 연인임을 주장하며 찾아온 여성들만 40명이 넘었다고 한다. 라파엘로를 비난하는 사람들은 "예술가로서는 위대한 업적을 남기고 세상을 떠났으나 로마의 타락에 비견될 수 있는 그의 세속적 삶은 미완성 상태에 머물렀다"고도 했다.

작곡가이면서 피아니스트인 클로드 드뷔시도 난봉꾼이었다. "드뷔시의 인생의 모든 갈림길마다 여자가 있었다"고 할 만큼 엄청난 여성 편력을 보였다.

희대의 난봉꾼, 돈 주앙

'돈 주앙 콤플렉스'란 한 여성과의 관계에 정착하지 못하고 수많은 여성과 사랑을 나누는 남성의 지나친 성적 욕구 및 행동이라고 정의된다. 남성에게만 나타나는 현상으로, 1922년 프로이트의 제자였던 오스트리아의 정신분석학자 오토 랑크에 의해 처음으로 정신분석학적으로 설명되었다.

이 콤플렉스의 주인공인 돈 주앙 테노리오에 대한 전설은 스페인에서 시작되어 퍼져나갔는데, 그가 실존 인물이었는지는 확실치 않다. 돈 주앙이 14세기 카스티야 왕국의 세비야라는 도시(현 스페인 남서부 지역)에 살았다는 주장이 있지만 반론도 만만치 않다.

돈 주앙의 전설을 바탕으로 한 많은 작품 중 가장 대표적인 것은 가브리엘 테레스의 〈세비야의 돈 주앙〉이다. 원제가 '세비야의 난봉꾼과 석상의 초대'로, 돈 주앙이 희대의 난봉꾼으로 묘사된다.

이탈리아의 도시 나폴리에 사는 방탕한 청년 돈 주앙은 어둠 속에서 과감하게 자신의 친구인 척하며 친구의 약혼녀 이사벨라를 유혹해 농락한다. 그러나 그 광경이 사람들에게 발각되자 돈 주앙은 자신의 죄를 친구 옥타비오 공작에게 떠넘기고는 배를 타고 스페인으로 도망친다.

도망길에 높은 파도에 배가 뒤집히는 위기를 맞지만 아름다운 처녀 어부 티스베아의 도움으로 살아난다. 미모의 여성을 그냥 지나칠 리 없는 돈 주앙은 온갖 감언이설로 그녀를 꾀었고, 도도한 티스베아는 결국 그의 품에 안기게 된다. 하지만 사랑을 즐긴 돈 주앙은 거리낌 없이 그녀의 집에 불을 지른 후 말을 훔쳐 세비야로 도망가고, 절망한 티스베아는 바다에 몸을 던진다.

세비아에서도 돈 주앙은 오랜 친구인 라 모타 후작의 망토를 빌려 입고 그의 연인인 도냐 아나의 방에 들어간다. 하지만 도냐 아나는 돈 주앙에게 속지 않고 소리를 질러 도움을 요청하고, 돈 주앙은 딸을 구하러 달려온 그녀의 아버지를 죽이게 된다. 이 와중에 망토 때문에 용의자로 지목된 라 모타는 억울하게 사형 선고를 받는다.

같은 시각 돈 주앙은 유유히 스페인 남서부 지방으로 떠나 그곳에서 열리는 결혼식에서 신부 아민타의 사랑스러움에 반해 그녀를 유혹한다. 결혼식이 이미 진행되고 있음에도 아민타는 돈 주앙의 달콤한 유혹에 결국 속아 넘어간다. 하지만 그녀를 기다리는 것은 배신뿐. 돈 주앙은 아민타를 버리고 또 새로운 여자를 찾아 떠나지만 결국 불타는 지옥으로 떨어진다는 내용의 연극이다.

플레이보이의 플레이보이

허구 세계에 돈 주앙이 있다면 현실에서는 휴 헤프너가 있다. 세계 뭇 남성들의 사춘기를 함께하는 잡지 〈플레이보이〉의 발행인이다. 그는 마릴린 먼로가 데뷔 이전에 찍었던 누드사진을 〈플레이보이〉에 실어 순식간에 성공 가도에 올랐다.

그는 수준 높은 남성지를 지향하면서도 여성 모델의 누드사진 덕분에 잡지가 잘 팔린다는 사실을 잊지는 않았다. 이후 자신의 회사를 잡지, TV, 인터넷 영역으로 확장해 하나의 제국으로 성장시켰고, 2002년에 미국 잡지 출판계의 가장 큰 상이라 여겨지는 '헨리 존슨 피셔상'을 받을 정도로 미국 미디어에 큰 영향력을 발휘했다.

그러나 남자들이 그를 부러워하는 것은 그의 사업 성공 때문만이 아니라 자신의 플레이보이 멘션에서 다수의 여성들과 어울린다는 사실일 것이다. 잡지가 성공하면서 헤프너는 스스로 〈플레이보이〉가 추구하는 이상적 남성이 되었다.

그는 언제나 실크 재킷과 파이프 담배로 멋을 내며 여성들과 어울렸다. 2013년 〈에스콰이어〉와의 인터뷰에서 헤프너는 1천 명 이상의 여성과 잠자리를 가졌다고 고백한 바 있다. 2005년 미국 케이블 TV는 〈더 걸즈 넥스트 도어The Girls Next Door〉라는 리얼리티 쇼를 통해 헤프너와 여자 친구들이 플레이보이 멘션에서 어떻게 사는지 보여주기도 했다. 2012년에는 86세의 나이로 26세의 〈플레이보이〉 모델과 결혼하여 노익장을 과시하기도 했다.

꼭 이렇게 세계적인 부호만이 그런 건 아니다. 전 세계에서 가장 많은 여자와 성관계를 한 사람으로 알려진 사람이 있다. 부자이거나 성공한 CEO가 아니다. 현재까지 알려진 바로는 대략 8천 명의 여자와 관계를 맺은 호텔 짐꾼 움베르토가 1위라 한다. 그는 짐을 옮겨주는 일을 하면서 수많은 여성과 교제하고 자신의 침실에서 관계를 맺어왔다고 말했다.

오로지 자기 즐거움을 위한 행동이었으며, 3~4명의 여자와 하룻밤에 관계를 맺은 적도 있었고, 자신은 절대로 지친 적이 없었다며 당당하게 영국 TV쇼 〈유로트래시Eurotrash〉(1993년부터 2007년까지 진행되었으며 독특하고 기이한 문화 연상을 풍자적으로 다뤘던 프로)에 나와 밝혔다. 그는 "그 여자들은 나를 보기 위해 바다를 건너왔고 나를 잊지 못했다"라고 자신 있게 말했다.

한 사람과 진지한 관계를 이어가는 것이 아닌 오로지 욕구 충족만을 위해 8천 명의 여성과 관계를 맺은 것과, 이를 인터뷰에서 자랑스럽게 이야기하는 모습은 과한 자신감으로 보인다. 이 경우는 사실 성 중독에 가깝다고 할 수 있다.

그러나 그 순간만큼은 상대에게 진실했고 사랑했다. 여자들이 친절하고 자상한 그에게 의존했기 때문일 수도 있다. 어쩌면 그는 호텔에서 짐꾼으로 일하는 자신보다 부유한 사람들이 부럽고 자신의 처지가 원망스러웠을지도 모른다. 자신의 부족함과 빈약함을 보상받고 싶었을 수 있다.

이렇게 돈 주앙 콤플렉스는 텅 빈 자기 모습을 숨기기 위해 과도한 자신감과 행동을 유발할 수 있다. 그런 공허함을 여자와의 관계로 보상받으려 것일 수도 있다. 그 순간만은 짐꾼이 아니라 부유한 그 여성의 상대라는 것으로 공허함을 채울 수 있기 때문이다.

남자들이 이런 방황을 더 많이 한다. 연인을 예사로 갈아치우면서 정작 본인은 외롭다고 외치는 남자들, 세상 남자들이 부러워하는 미모의 아내를 두고도 외도를 감행하는 남자들, 이들은 왜 한 사람에게 정착하지 못하는 걸까?

이상적인 어머니상을 찾으려는 시도

돈 주앙 콤플렉스에 대한 설명은 다양하다. 이런 특성을 보이는 사람들은 오이디푸스적 성향을 가진 이로, 쉴 새 없이 다른 여성들에게 접근함으로써 자신이 생각하는 이상적인 어머니상을 찾으려 한다는 것이 일반적인 설명이다. 정신분석학자 오토 페니켈은 이들을 가리켜 "모든 여성에게서 어머니를 찾으려 하지만 실패하는 이들"이라고 설명했다.

그뿐 아니라 이들은 자기존중감을 유지하기 위해 자아도취적으로 행동하고, 이러한 욕구가 곧바로 채워지지 않으면 다른 사람에게 고통을 주면서까지 자신의 욕구를 채우려 한다. 그 근저에는 이겨낼 수 없는 적, 아버지라는 존재를 이기겠다는 열망이 자리 잡고 있다.

이러한 해석은 오이디푸스 콤플렉스와 거세 불안이 돈 주앙 콤플렉스의 원인이라 설명한다. 그러나 발달심리학에서는 돈 주앙 콤플렉스를 아동기 부모와 맺은 잘못된 상호작용에서 찾는다. 이를 자기심리학self-psychology 학자들은 '분열에 대한 불안'이라 해석하기도 했다.

좀 더 자세히 짚어보자. 미국의 정신분석학자 하인즈 코헛이 발전시킨 자기심리학은 '자기애'와 '자기'라는 개념을 중시한다. 아이는 발달단계상 스스로를 대단하고 완벽하다고 느끼는 자아도취의 순간을 맞는다. 유아가 걸음마를 시작하며 인지 기능이 발달하고 세상을 탐색하면서 경험하게 되는 '정신적 우월감'이다. 이런 자기애에 부모가 반응하고 '정말 그렇다'고 확인해줘야 하는데 그러지 못했을 때 아이의 자아는 손상되고 약해진다.

코헛은 사람들이 자신에 대해 완전하다고 여기지 못하거나 자율성과 활력을 갖지 못할 때 자아의 분열을 느끼고 불안해진다고 주장했다. 손상되고 약해진 자아는 분열에 의한 불안에 더욱 취약하다. 자아가 이렇게 불안정하고 공허한 사람들은 잘못되고 비뚤어진 행동을 함으로써 안정감을 찾고 자기를 완성하려 한다. 아직 손상되지 않은 자신을 유지하고 지키기 위해 비뚤어진 행동을 불사하는 것이다.

아이가 의지하는 부모가 완벽한 모습을 보이지 못했을 때, 아이는 실망스러운 부모를 대체하기 위한 노력으로 성적 행동에 집착한다. 코헛은 '제대로 자극받지 못한 자기understimulated self'는 활력이 부족한 동시에 서서히 죽어가는 듯한 고통을 받는다고 설명했다.

이런 느낌을 벗어버리기 위해 가짜 흥분을 만들어내고, 스스로를 자극하기 위해 다양한 변태적 행동과 중독적인 성적 일탈을 하게 된다. 외로운 아이들이 자위행위에 빠지는 경향은 이 증상의 원형적 모습이다. 유아기에 마땅히 받아야 할 사랑을 제대로 받지 못한 실망감은 성인기에 이르러 또다시 사랑에 실망할 때 더욱 강화되곤 한다.

결국 돈 주앙 콤플렉스는 공허함을 없애기 위해 가짜 흥분을 만들어 스스로를 자극시키면서 그런 공허함에서 벗어나려 하는 몸부림일 수 있다. 그러나 그것으로 채워지는 것이 아니라 그 목마름은 더욱 진한 공허함을 불러오기 때문에 악순환일 뿐이다.

가짜는 가짜일 뿐. 돈 주앙 콤플렉스의 문제는 비단 성적 욕구가 비정상적으로 높은 것만이 아니다. 이들은 삶의 목표가 없어서 불안정하다. 인간관계에서도 타인에게 고마워할 줄 모르고 지나치게 자신의 만족만을 요구한다.

그들이 추구하는 성적 만족 또한 충동적이고 단발적일 뿐 지속적인 충족감과는 거리가 멀다. 이들은 흔히 강박적 성 행동을 하는데, 사랑해서 사랑하는 게 아니라 이성을 정복하고자 하는 욕구 때문에 사랑에 빠진다. 그들에게 여자들은 그저 인형과 같은 존재일 뿐이며, 그들이 자신의 여자가 되면 곧 흥미를 잃고 떠나버린다. 한 사람에게 만족하지 못하기에 끊임없이 이 여자 저 여자를 떠돌며 장기적으로 자신의 명예와 자유를 손상시키고 나아가서 삶 전체를 파멸로 이끌기도 한다.

이들도 가끔 한 사람에게 오래 머무는 경우가 있다. 열 번 찍어도 넘어오지 않을 때이다. 아무리 유혹해도 도통 반응이 없을 때, 이들은 건강한 착각을 한다. 여자에게 일방적으로 집착하고 매달리는 처지이면서도 자신이 이 사람을 유혹할 수 있고 모든 것이 자신의 주도하에 이루어지고 있다고 생각하는 것이다.

이쯤 되면 성적 욕구는 이미 뒷전이다. 그녀를 갖지 못할 수도 있다는 불안이 그의 머릿속을 지배한다. 이런 맥락에서 루이스 로빈스는 돈 주앙 콤플렉스가 내적 열등감에 반하고자 하는 욕구이며, 이것이 그들의 성적 활동의 중심이라고 주장했다.

일견 돈 주앙 콤플렉스는 사이코패스로 가는 전조처럼 보이기도 한다. 그러나 코헛은 돈 주앙 콤플렉스가 심각한 성격장애는 아니라고 간주했다. 그는 돈 주앙 콤플렉스를 실패한 상호작용을 보상받고 세상과 연결되고자 하는 갈망으로 해석한다. 정신분석학자 볼프강 슈미트바우어는 돈 주앙 콤플렉스를 타인에게 의지하는 정신질환으로 설명하였다.

충만함은 성숙한 삶으로부터 온다

자신의 공허함을 달래기 위해 의미 없는 연인관계를 이어가는 것은 어리석은 일이다. 처음에 장난으로 시작했다가 여자가 자신에게 넘어오자 이런 행위가 습관처럼 굳어진다. 연애 당시에는 자신이 상대를 사랑한다 믿지만 오래가지 못한다. 반복될수록 스스로도 지쳐버리고 허무함과 공허함은 더욱 커지고 만다.

사랑하는 사람과 가꾸어가는 소중한 관계야말로 우리 인생에서 가장 소중하고 의미 있는 것이다. 시간이 지나면 사라져버리는 신기루 같은 관계가 아니라, 진정으로 사랑하는 사람과 함께하는 경험만이 깊은 희열을 느끼게 하고, 삶을 성숙하게 한다.

남자든 여자든 간에 이런 소중한 관계를 중시할 수 있어야 한다. 그래서 내 인생에서 진정으로 사랑한 사람이라고 기억하는 것 또한 소중하고 성숙한 삶이다. 이런 성숙한 삶에 다다를 때 공허함을 진정한 충만함으로 채울 수 있을 것이다.

9

복수는
나의 것

몬테 크리스토 콤플렉스
Monte Cristo Complex

타인에게 받은 상처 때문에 타인을 밟고 이기려고 하며 공격적으로 대응한다. 문제는 실제 상처가 아닐 수도 있다는 것. 상처 받았다고 인식하면 반드시 갚아주려고 한다.

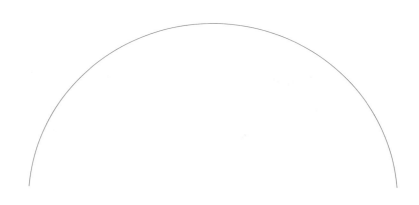

작은 실수에도 파르르 떠는 우리 사장님

우리 사장님은 이번 주도 월요일 아침부터 얼굴이 벌겋다. 말석에 앉은 박 팀장은 사장이 '버럭' 할 때마다 자라목이 된다. 월요일 팀장 회의 분위기가 살벌하다는 소문은 익히 들었지만 이번에 승진해서 참석해보니 이건 거의 인격모독 수준이다. 보고서에 오탈자 하나 있다고 학교 다닐 때 뭘 배웠냐는 식으로 지적할 필요까지 있느냐 말이다.

그러고 보니 사장님은 평소에도 작은 실수 하나에 불같이 화를 내곤 했다. 점잖게 지적하고 넘어가거나 봐줄 수 있는 실수에도 걸핏하면 "정신 똑바로 차리라"며 지적질을 해야 직성이 풀리는 모양이다. 전생에 직원들과 원수라도 됐나?

최근 들어 그나마 줄어들긴 했지만 작은 일에도 팀원을 막다른 골목으로 몰아넣듯 문책하고 공격하는 팀장들이 있다. 평소에 팀원이 열심히 일할 때는 '저게 뭐 대단하다고'라며 시큰둥한 태도로 일관하다가 문제점이 눈에 띄면 큰일이라도 난 양 분노를 폭발시키곤 하는 사람.

직장생활을 해본 사람들은 '아 맞아' 하고 떠오르는 얼굴이 아마 한 명 정도는 있을 것이다. 혼날 때는 내가 큰 잘못을 한 줄 알고 쩔쩔매며 "죄송합니다"를 연발했는데, 지나고 나서 생각해보면 그렇게까지 혼날 일이었나 싶어서 억울했던 경험이 있을 것이다.

물론 팀장이 화를 내는 이유에는 여러 가지가 있을 것이다. 리더십 철학이 있어서일 수도 있고, 일을 제대로 배우도록 훈련을 시키는 것일 수도 있다. 팀원의 잠재력을 키워주려고 자극을 주는 것일지도 모른다. 혹은 본인이 완벽주의자여서 완벽하게 일 처리를 해야 마음이 편해서일 수도 있다.

사실 이런 것들이 꼭 나쁜 것은 아니다. 돌이켜 생각하면 그 팀장 아래에서 일을 많이 배울 수도 있다. 문제는 그 정도가 지나치게 심각할 때이다. 적정선에서 혼내면 될 것을 파르르 떨며 감정적으로 반응하면 상대방은 그 기세에 더욱 움찔한다. 상대방이 똑같은 실수를 반복하면 "그래, 네가 내 말을 무시한다 이

거지?"라며 확대해석하는 경우도 비일비재하다. 그 후에는 업무에서 배제하거나 은연중에 따돌리는 등 '보복'이 뒤따른다.

별것 아닌 일에 자기 인생을 걸고, 모든 상황이 자신을 방해한다고 생각하고 분노와 복수심에 가득 찬 사람들. 이런 이들은 '몬테 크리스토 콤플렉스'를 의심해볼 수 있다.

명군과 폭군의 차이

명군이자 폭군으로 평가되는 지도자가 있다. 바로 러시아 최초의 황제 '차르'인 이반 4세이다. 'Ivan the terrible'라는 별명도 있는데 말 그대로 절대 권력에 가까운 힘을 가진 두려운 이미지의 황제를 뜻한다.

이반 4세는 러시아의 류리크 왕조의 군주로서 17세라는 어린 나이에 공식적으로 차르가 되었다. 그는 즉위 후 러시아 최초의 전국 의회를 소집하고 국민을 위해 법전을 편찬하는 등 정치적 기반을 형성했으며 통치 기간에 영토를 확장하는 등 부강한 국가를 만드는 데 큰 공을 세운 명군이었다.

하지만 그의 유능한 모습은 오래가지 못했다. 왕비인 아나스타샤 로마노브나가 죽자 그는 "내가 이전에 저지른 사악한 행동들은 내가 고아였던 탓에 측근의 귀족들에게 나쁜 짓을 배웠기 때문이니 전부 잊어주시오. 앞으로 부강한 러시아를 건설하기 위해 최선을 다하겠소"라고 공표했던 모습은 온데간데없이 사라지고 잔혹한 폭군의 모습만 남았다.

그는 마음에 안 드는 귀족은 삼대를 모두 멸하였으며 러시아 내에서 전쟁을 일으켜서 자국민도 죽였다. 자신의 새 부인을 폭행하고 아들을 때려죽이기까지 했다. 처벌의 방식 또한 충격적이었는데 사람을 묶어놓고 그 아래에서 폭죽을 터뜨리는 등 잔혹하기 그지없어서 차마 나열하기 어려울 정도이다.

뭘 그렇게 잘못했길래 저런 잔인한 처벌을 내리는지 궁금하겠지만, 그의 처벌에는 기준이 없었다. 그는 주변 사람 모두를 복수의 대상, 위협의 대상으로 보았다. 따라서 그저 자신의 마음에 안 들면 증거와 이유가 없어도 처벌했다.

이렇듯 이반 4세가 명군에서 폭군으로 돌변한 원인은 앞서 언급한 그의 연설에서도 찾을 수 있듯이 어린 시절의 상처가 핵심적이다. 이반 4세는 바실리 3세와 엘레나 글린스카야의 아들로 태어났다. 치열한 권력 싸움 틈에서 그는 어머니의 사랑을 제대로 받지 못했으며 부친은 그가 어릴 적 사망했다.

이반 4세는 3세 때 차르로 즉위했으며 8세가 되던 해 모후마저 독살당하면서 자신의 편 하나 없는 귀족들의 섭정이 시작되었다. 이름뿐인 황제였던 이반은 귀족들에게 무시당했으며 쓰레기통을 뒤져서 배를 채우는 상황에도 누구 하나 도움을 주지 않왔다. 심지어 귀족들은 이반이 의지하던 주변인을 산 채로 가죽을 벗기는 등 잔혹한 짓을 일삼았다. 이런 유년기를 보내며 이반의 복수심과 분노는 커졌다. 권력을 가진 후 그는 자신을 무시했던 귀족들에 대한 복수를 시작했다.

다행히도 그의 옆에는 부인인 아나스타샤 로마노브나가 있었으며 이반이 믿고 의지하는 상대였다. 따라서 부인과 함께하던 시기에는 공격적인 성향이 많이 억제되었고 명군으로서 역할을 할 수 있었다.

하지만 이토록 의지하던 부인마저 병으로 죽자 내재되어 있던 몬테 크리스토 콤플렉스 성향이 폭발한 것으로 보인다. 그는 자신의 부인도 독살되었다고 믿었으며 복수심과 증오심에 불타 망가진 것이다.

그에게 복수란 그저 지나가는 감정이 아니라, 삶의 방식을 결정하는 중요한 방향타이자 에너지원이었던 것 같다. 물론 이런 복수심으로 그 자리까지 오르는 성취와 성공을 거두긴 했다. 그러나 거기서 그치지 않고 복수를 하기 위해 더 강한 권력을 가지려 했다.

몬테 크리스토, 복수가 삶의 방식이 될 때

몬테 크리스토 콤플렉스는 문학작품에서 기인한다. 2007년 맨프리드 케츠 드 브리스 교수는 알렉상드르 뒤마의 고전《몬테 크리스토 백작》에서 힌트를 얻어 몬테 크리스토 콤플렉스를 정의했다. 어린 시절의 상처가 지속적인 영향을 미쳐 다른 사람을 향한 시기와 복수심에 사로잡혀 있고, 타인을 짓밟아서 우월감을 느끼려는 심리를 가리켜 몬테 크리스토 콤플렉스라 정의했다.

이 유명한 이야기의 배경은 나폴레옹 제국의 함락 이후 프랑스. 에드몽 단테스는 잘생기고 유망한 선원으로, 죽은 선장을 대신해 선장권을 약속받는다. 그러나 단테스를 시기한 자들이 그에게 반역죄의 누명을 씌워 단테스는 결혼 전날 억울하게 잡혀 누구도 탈옥한 적이 없는 이프성에 투옥된다.

오랜 세월 절망하며 지내던 단테스는 어느 날 옆방에 투옥되어 있던 파리아 신부가 탈출을 위해 땅을 긁어내는 소리를 듣고 자신도 땅을 파다가 그를 만나게 된다. 탈출을 눈앞에 두고 신부가 죽자 단테스는 신부의 시신으로 가장하여 마침내 탈출에 성공한다. 그는 신부가 알려준 대로 숨겨진 보물을 찾아 부호가 된 후 몬테 크리스토 백작이라는 이름으로 프랑스 사회로 돌아온다. 그의 목적은 단 하나, 자신을 투옥한 자들에게 복수하는 것이었으며 결국 성공을 거둔다.

드 브리스 교수는 몬테 크리스토 콤플렉스를 시기와 앙심으로 복수와 보복을 하는 현상이라 설명했다. 이들은 과거에 받은 상처 때문에 타인을 밟고 이기려고 하고 공격적으로 대응하는 모습을 띤다. 그 상처가 실제든 아니든, 일단 상처받았다고 인식하면 이를 대갚음하려 한다.

이런 복수심은 한순간의 감정이 아니라 삶의 방식이 되어 어릴 때는 학교에서 시작해 성인이 되면 회사에서도 복수심에 기초한 공격적인 모습을 보인다.

이 콤플렉스는 몬테 크리스토처럼 삶의 큰 사건으로도 영향을 받지만 대개는 어린 시절의 기억 때문에 나타나는 경우가 많다. 어릴 때 부모가 아이에게 차갑게 대하고 동정하지 않으며, 아이가 원하는 것을 섬세하게 알아차리고 응해주지 않으면 아이는 자아를 확립하는 데 어려움을 겪는다.

좀 더 깊이 들어가보자. 어린아이들은 원하는 것이 있어도 혼자 힘으로는 구할 수 없다. 이 무력감에 맞서기 위해 아이들은 태아 때의 완벽한 환경을 생각하며 자신의 이미지를 거창하게 꾸민다. 자라나는 자신의 능력을 보여주고 싶고 관심과 사랑을 받고 싶기 때문이다.

아이들은 부모의 이미지 또한 완벽한 존재로 이상화하는데, 이는 이상적인 존재와 하나가 되고 싶다는 욕망으로 이어진다. 즉 이 시기 아이들의 심리는 "나는 완벽하고 당신은 나에게 애정을 줍니다"에서 "당신은 완벽하고 나는 당신의 일부입니다"로 바뀌어간다.

이 2가지 자아개념은 누구나 어린 시절에 겪는 발달과정의 일부이다. 아이는 자라면서 부모가 완전히 선하거나 악하지도 않다는 것을 이해하고, 이상과 현실을 통합해가면서 내적 갈등을 해소하고 진정으로 부모를 인정하게 된다.

부모와 충분하게 교류하지 못해 갈등이 적절히 해소되지 못하면 아이는 굴욕감과 수치심, 분노와 복수심을 갖고, 권력과 지위를 얻으려 열망하게 된다. 그리고 이러한 열망이 아동기를 거치면서 해소되지 않으면 성인이 되어서도 억울함과 분노, 우울함, 허무함, 박탈감을 느끼며 힘들어한다.

그래서 나타나는 것이 '자아도취narcissism'이다. 자신의 부정적인 모습에 대항하기 위해 '나는 특별하다'고 생각하는 것이다. 몬테 크리스토 콤플렉스는 애정을 주지 않았던 부모 때문에 생긴 반응성 자아도취reactive narcissism의 한 범주로, 자아도취 중 가장 심각한 축에 속한다.

이에는 이, 눈에는 눈

몬테 크리스토 콤플렉스의 또 다른 예로 밀로셰비치 전 유고슬

라비아 대통령을 꼽을 수 있다. 2차 세계대전 당시 발칸반도를 점령한 독일군은 가톨릭을 믿지 않는 세르비아인 50여 만 명을 인종청소 명목으로 학살했다. 밀로셰비치는 1989년 대통령으로 선출된 후 세르비아 민족주의를 촉발해 과거 세르비아인들이 당했던 인종청소를 대갚음했다. 그 과정에서 그는 보스니아-헤르체고비나 내전으로 25만 명의 희생자를 냈고, 코소보 사태로 알바니아계 인종청소를 자행하는 등의 만행을 저질러 '발칸의 도살자'라는 섬뜩한 별명을 얻었다.

그는 아버지와 어머니, 그리고 매우 따랐던 외삼촌마저 자살한 비극적 가정환경에서 성장했다. 이런 환경이 소년 밀로셰비치에게 스트레스가 되었으리라는 것은 의심의 여지가 없다. 법의학 정신분석가들은 밀로셰비치가 자살과 자포자기로 점철된 가족력에 상처를 입은 우울증 환자였을 것으로 추정했다.

밀로셰비치는 감정을 제대로 통제하지 못했던 것으로 전한다. 전쟁이 시작되고 나토의 공습이 밀로셰비치를 파멸로 몰고 가자 그는 보좌관들에게 소리치고 서류를 집어던지며 망가지기 시작했다고 한다.

그는 평소에도 사소한 것까지 완전히 장악하고 싶어 하는 성격의 소유자로, 증언을 토대로 할 때 밀로셰비치는 다른 사람들에게 끼친 불행에 연연하기보다는 그렇게 할 수 있는 권력이 자신에게 있다는 사실에 기뻐했던 것으로 보인다. 전기 작가 레보르는 밀로셰비치의 사고를 망상적이라고 지적하며 "비참한 현실에 직면한 그는 현실부정, 노골적인 거짓말, 미래에 대한 장밋빛 환상으로 도망쳤다"고 평가했다.

그의 몬테 크리스토적 면모는 대량학살 혐의로 체포돼 헤이그 국제사법재판소 법정에 섰을 때 절정에 달했다. 2000년 재선에 실패한 것을 두고 유권자들이 '배신'했다고 하는가 하면, 자신을 재판소에 서게 한 세르비아를 "고마운 줄 모르는 나라"라고 비난하며 보복을 다짐했다. 이러한 일련의 사고방식에서 복수가 지나가는 감정이 아니라 삶의 방식인 몬테 크리스토 콤플렉스를 발견할 수 있다.

이처럼 몬테 크리스토 콤플렉스에게 가장 확실한 특성은 "이에는 이, 눈에는 눈", 당한 만큼 갚아준다는 심리이다. 상대방에게 받은 상처는 반드시 대갚음하려 하고 물질적 보상이나 권력보다 복수가 더 중요하다. 자신의 우월함을 입증하기 위해 사람들을 지배하려 하고, 자신과 대립하는 사람들이 수치심을 느끼도록 한다.

그들에게 인생은 승자와 패자가 정해져 있는 전쟁터이다. 치열한 경쟁사회에서 위협은 어디에나 있다고 생각하기 때문에 언제나 경계하고 있다. 어린 시절 가정에서부터 부모의 적대심과 괴롭힘을 보고 경험하며 복수심과 함께 적자생존의 법칙을 직접 배웠기에, 그들은 경쟁사회에서 우위에 서는 법을 남보다 잘 알고 있다.

자아도취적 성향은 그 자체로 성공 가능성을 높여준다. 긍정적 자아도취는 안정된 자존감을 유지하기에 자기성찰 능력이 있고 공감 능력도 뛰어나다. 그래서 리더의 자리에 오르기 위해서는 어느 정도의 자아도취가 필요하기도 하다.

그러나 반응성 자아도취는 '나쁜 리더'임을 입증하는 가장 중요한 증표이다. 반응성 자아도취는 자신의 부정적 감정에만 집착하기 때문에 철저히 자신만 생각한다. 누군가가 항상 자신을 칭찬하고 존경해줘야 하고 타인에게 공감할 의지는커녕 필요하다면 그들을 거리낌 없이 이용하기도 한다.

이런 리더가 이끄는 조직에는 어떤 일이 벌어질까? 직원을 함부로 대하는 것은 물론 평가도 그때그때 달라져서 팀워크가 망가진다. 사소한 이유로 직원을 해고하는 등 물갈이가 그치지 않고 오직 아첨하는 이들만 득세한다. 직원이 스스로 그만두고 경쟁사에 들어가기라도 하면 대단한 배신행위로 보고 어떻게든 보복하려고 한다.

한편 자기 능력을 과장하기 위해 무리한 프로젝트를 시도하지만, 모든 의사결정을 독단으로 하는 데다 능력이 부족하기에 실패하고 만다. 리더의 신경증적 기질이 조직 전체에 전파돼 부정적 문화가 뿌리내리면 결국 스스로 무너질 수도 있다.

분노에도 좋은 방향이 있다

'자뻑'으로 불리는 자아도취가 사실은 분노와 허무함 같은 감정에 맞서기 위해 생겨났다는 것은 인생의 페이소스이자 삶의 묘미가 아닌가 싶다. 그렇게 카리스마를 뽐내며 "너희가 뭘 알아?"라고 일갈하는 사장님의 속마음이 사실은 이처럼 가련한 것이라니.

경쟁사회에서는 승부욕과 성취욕이 강할수록 얻는 것이 많은 것은 당연하다. 이런 성취 욕구를 자극하는 감정 중의 하나가 분노이다. 분노는 부정적인 감정에 속한다. 분노의 감정은 신체에까지 영향을 주어 맥박이 빨리 뛰고 열과 땀이 나고 스트레스의 원인이 된다.

이러한 분노가 인생의 성취를 위한 것인지, 보복을 위한 것인지 스스로 점검해볼 일이다. 결국 자신의 분노를 감당하지 못해 복수와 응징을 위해 허망하게 시간을 보내는 것은 아닌가 생각해봐야 한다. 분풀이로 아까운 내 인생을 갉아먹고 있는 것처럼 허망한 일이 어디 있는가.

만약 단테스가 복수를 위해 이를 갈며 시간을 허비하지 않았다면 어떻게 되었을까? 감옥에서 탈출한 후 멋진 선장이 되어 행복한 가정을 꾸리고 부를 쌓아 여생을 보냈다면 더 행복하지 않았을까?

나는 무얼 위해 성취하고자 하는가. 그 누군가에게 보복하기

우리는 여전히 삶을 사랑하는가

'삶에 대한 사랑'을 담은 에리히 프롬의 미발표 유작. 사랑의 철학자가 말하는 삶을 사랑하는 능력을 회복하기 위한 살아 있음의 철학.

에리히 프롬 | 장혜경 옮김 | 15,800원

나도 아직 나를 모른다

12만 독자가 선택한 따뜻한 희망의 습관. 부정적 감정 때문에 자꾸만 스스로에게 무례해지는 당신에게 뇌과학과 임상심리학이 전하는 위로와 공감의 메시지.

허지원 | 14,800원

생각의 지도

★tvN '책 읽어주는 나의 서재' 추천도서

왜 동양인은 '종합적으로' 생각하고 서양인은 '분석적으로' 사고할까. 동서양의 차이를 연결하는 다리, 생각의 핵심을 찾아가는 지도 같은 책.

리처드 니스벳 | 최인철 옮김 | 12,900원

거시기 머시기

Word가 World를 바꾼다. 이어령이 80년 독서와 글쓰기 인생에서 길어낸 상상력과 창조의 근원, '언어'의 무한한 가능성에 대한 이야기.

이어령 | 16,000원

데이터과학자의 사고법

★세종도서 교양부문 선정도서
★문화체육관광부 · 출판문화산업진흥원 책나눔위원회 추천도서

데이터과학이 알려주는 합리적 판단과 미래에 대한 통찰력. 경험과 직관의 함정을 뛰어넘어 더 나은 선택으로 이끌어주는 통계적 사고의 힘.

김용대 | 16,800원

유혹하는 글쓰기

"나는 이렇게 독자를 사로잡았다!" 세계적 베스트셀러 작가 스티븐 킹의 글쓰기 비결. 독자의 눈과 귀를 사로잡는 글쓰기의 핵심 기법.

스티븐 킹 | 김진준 옮김 | 16,800원

빌 게이츠, 기후재앙을 피하는 법

★국방부 진중문고 선정도서

빌 게이츠가 10년 이상 연구한 끝에 제시하는 온실가스 배출 제로를 위한 종합적이고 현실적이며 실행 가능한 계획. 성장과 지구가 양립 가능한 혁신적 돌파구.

빌 게이츠 | 김민주 · 이엽 옮김 | 17,800원

팩트풀니스

★동아 · 한겨레 올해의 책
★옵서버 선정 금세기 최고의 책

이성과 지성을 일깨우는 책. 똑똑하고 현명한 사람일수록 세계의 실상을 정확히 알지 못한다! 오해와 편견을 이기는 팩트의 중요성을 알린 혁명적 저작.

한스 로슬링 외 | 이창신 옮김 | 19,800원

사피엔스 그래픽 히스토리 Vol. 1, 2

기발한 상상력과 스토리텔링으로 읽는 또 다른 《사피엔스》. 1탄: 사피엔스, '생태계' 대 '호모 사피엔스' 법정에 서다 2탄: 농업혁명은 어떤 덫을 놓은 것일까?

유발 하라리 원작 | 다비드 반데르묄렌 각색 | 다니엘 카사나브 그림 | 김명주 옮김 | 각권 17,800원

사피엔스 · 호모 데우스 · 21세기를 위한 21가지 제언

2016년 · 2017년 · 2018년 3년 연속 올해의 책!
기로에 선 21세기 사피엔스에게 반드시 필요한 통찰

변방의 유인원 호모 사피엔스는 어떻게 세상의 지배자가 되었는가? 신이 된 인간, 미래의 역사는 어떻게 펼쳐질 것인가? 지금 우리가 직면한 최대 도전과 과제는 무엇인가? 기로에 선 21세기의 사피엔스를 위해 인류의 과거, 현재, 미래를 탐색한 3부작.

유발 하라리 · 조현욱 · 김명주 · 전병근 옮김 | 각권 26,800원 · 22,000원

★교수들이 추천하는 책 1위 ★200만 부 돌파 ★빌 게이츠 · 마크 저커버그 추천도서

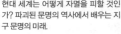

위해서인가, 아니면 그 누군가에게 보여주려고 하는 건가. 나를 무시하는 것 같은 그 누군가에게 보복하기 위해 정신없이 달려가고 있는 것은 아닌지, 내 삶이 보복에 초점이 맞추어진 것은 아닌지, 그런 허망한 삶은 아닌지 자문해봐야 할 것이다.

10

인생 최초의
경쟁자,
형제자매

카인 콤플렉스
Cain Complex

형은 부모님이 동생을 더 예뻐한다고 생각한다. 동생은 오로지 형만 꺾으면 된다고 생각한다. 부모님의 관심을 독차지하려면 어떻게 해야 할까 늘 고심한다.

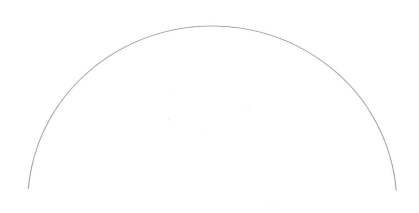

부모의 사랑을 받기 위해서라면 뭐든지 한다

적은 가장 가까운 데 있다고 한다. 내부 비리에서 시작되기도 하고 가까운 친구의 폭로로 가려진 것이 드러나기도 한다. 그중 혈육 간의 갈등이 타인과의 갈등보다 더 심할 수 있다. 형제는 가장 가까우면서도 경쟁과 질투의 대상이다. 바로 인간이 지닌 위치상 편향positional bias 때문이다. 내 능력이 중요한 것이 아니라 경쟁하는 상대의 능력보다 내 능력이 우위이면 되기 때문이다.

원시사회에선 사냥을 해서 음식을 얻는 것이나 이성을 쟁취하기 위한 것과 같은 생존을 결정짓는 것 모두 상대와의 경쟁으로 이루어졌다. 자원이 한정되어 있으니 치열한 투쟁을 해야 했을 것이다. 이때 자신의 절대 능력이 중요한 것이 아니라 라이벌인 상대보다 자신이 얼마나 더 좋은 능력을 가지고 있는가에 따라 자원 획득이 결정된다. 진화론적으로 인간은 이런 위치상 편향을 지니고 있는 것이다.

그러다 보니 다른 사람 전체가 중요한 것이 아니라 바로 내 눈앞에 있는 가까운 상대와의 경쟁을 의식하게 된다. 가까운 상대를 질투하게끔 진화된 것이다.

형제에 대한 질투에 대해서 버클리대학교의 프랭크 설로웨이 교수는 1800년대 전까지는 사회가 부유하지 않았기 때문에 자녀들 중 반은 영양과 보건의 문제로 인해 아동기를 넘기지 못하고 죽었기 때문이라고 설명하기도 한다. 굳이 원시사회까지 거슬러 올라가지 않아도 이 시기에만 해도 생존을 위해서 형제와 경쟁을 해야 했다.

형제간 경쟁과 질투가 발생하는 또 다른 이유는, 출생 순서에 따라 나이, 신체 크기, 가정 내에서 각자의 힘과 지위가 다르기 때문이다. 형제간의 이러한 차이로 인해 형제마다 경험하는 가족 관계가 다르기 때문에(예를 들어 부모가 첫째를 더 선호하는 것을 경험한다는 등) 각자 부모로부터 최대한의 지지와 보살핌을 받으려고 노력해야 했다.

형제 관련 연구 선구자인 펜실베이니아주립대학교의 주디 던 교수도 형제간 경쟁관계가 아주 어렸을 적부터 시작한다는 연구

결과를 내놓았다. 18개월의 아주 어린 형제들도 엄마가 다른 형제와 상호작용을 하는 것에 반응하고 질투하는 것으로 나타난다. 이는 나이가 들어도 지속되기도 한다. 한 연구 결과에 따르면 45퍼센트의 어른들은 자신들의 형제와 아직까지 경쟁하는 관계에 있거나 사이가 좋지 않다고 보고하였다. 특히 형제간의 경쟁은 자매간의 경쟁보다 더 많이 나타나고, 형제들은 아버지의 사랑, 직업적 성공, 돈에 얻기 위해 경쟁한다.

형과 다른 동생, 동생과 다른 형

2011년 벨기에 겐트대학교의 버른트 카레트 교수 연구팀은 출생 순서에 따라 배우는 것에 대한 목표가 다르다는 것을 보여주었다. 대학생을 대상으로 한 연구에서 어떤 것을 배울 때 첫째는 숙달목표지향mastery goal을 보인 반면 둘째는 성과목표지향performance goal을 더 선호하였다.

숙달목표지향은 자신의 능력을 평가할 때 자신의 기준으로 스스로 평가한다. 그리고 목표에 도달하는 것이 중요한 것이 아니라 과정을 숙달하는 자체에 더 의미를 두는 성향이다. 반면 성과목표지향은 자신의 능력을 다른 사람들의 기준이나 다른 사람과의 비교로 판단하는 경향이 있다. 목표하는 것을 얼마나 이루었는

지가 더 중요하고 상대와의 비교 성향이 강하다. 그러다 보니 수
단 방법을 가리지 않고 목표에 도달하려 하고 상대를 이기려고
하는 성향이 훨씬 강하다.

둘째들이 첫째들보다 상대방을 이기려 하고 더 경쟁의식이 강
한 이유는 부모들이 둘째를 키울 때 첫째와 비교하면서 키우기
때문이기도 하다. 첫째를 키울 때는 비교할 대상이 없었지만 둘
째를 키울 때는 항상 첫째 형제의 발달 단계와 비교할 수밖에 없
다. 또한 둘째는 태어나면서부터 자신이 누릴 수 있는 부모의 관
심이나 애정을 나누어야 하는 경쟁상대가 존재하는 것이다. 그
래서 첫째에 비해 둘째가 경쟁의식이 강하고 첫째를 능가하려는
동기를 갖고 있다.

물론 반대의 경우도 있다. 첫째가 혼자만의 세상에서 부모의
관심과 사랑을 받아왔는데 동생이 태어나면서 모든 세상이 다
바뀌어버린다. 더 어린 둘째에게 부모는 더 신경쓸 수밖에 없다.
게다가 성장하면서 둘째가 첫째보다 더 능력을 발휘하면 첫째는
둘째에게 적대감을 가지기도 한다.

자신과 비슷하고 가장 가까운 혈육을 처절하게 미워하는 심
리, 카인 콤플렉스는 누군가의 형제자매인 이들 모두가 품을 수
있는 심리적 문제이다. 나도 모르게 경쟁심과 질투심에 파괴적
성향을 키워온 경험이 있을 것이다. 또한 '나만 미워하는' 부모에
대한 원망의 눈물을 흘린 적도 있을 것이다.

성서에서는 카인이 동생 아벨을 죽여서 인류 최초의 살인자로
남았다. 물론 이 경우는 첫째가 둘째를 미워한다. 그러나 실제로
반항하고 반기를 든 것은 첫째가 아닌 경우가 많다.

'카인 콤플렉스'는 아버지에게 인정받기를 갈망한 나머지 아
버지의 관심과 사랑을 독차지할 것 같은 형제를 질투하고 미워
하는 콤플렉스로, 헝가리 정신과 의사인 레오폴드 손디가 처음
으로 정의했다. 그는 종교적 경험에 관심이 많았다고 알려진 학
자로, 1969년에 《카인, 악의 형태Kain, Gestalten des Bösen》를 출간
하며 카인 콤플렉스의 개념을 체계화했다. 이 콤플렉스는 위험
한 상황이나 위협적인 주변 환경에서 오는 스트레스로부터 반사
적으로 자신을 방어하려는 욕구의 발로라 할 수 있다. 즉 가까운
경쟁자인 형제에게 자신의 존재감을 드러내기 위한 과다한 방어
인 것이다.

형제를 미워한 카인

카인 콤플렉스의 배경 신화는 우리 모두가 알고 있는 내용이다.
〈창세기〉에서 신은 천지를 창조하고 아담과 이브를 에덴동산에
살게 한다. 신은 이들이 에덴동산의 모든 것을 누릴 수 있게 했
지만 생명나무와 선악을 알게 하는 나무의 열매, 선악과는 먹지

못하도록 했다. 하지만 사탄이 뱀으로 변해 아담과 이브를 유혹해 선악과를 먹게 된다. 결국 그들은 에덴동산에서 쫓겨나 평생 힘들게 일하며 살게 된다.

에덴동산을 떠난 아담과 이브는 카인과 아벨 형제를 낳았다. 카인은 곡식과 과일을 경작하는 농사꾼이 되었고, 아벨은 양치기가 되었다. 자신이 거둔 것들을 모아 신에게 제사를 드릴 때 카인은 과일과 농산물을 제물로 바치고, 아벨은 자신이 키우는 양들 중 처음으로 태어난 새끼 양과 그 기름을 바쳤다. 신은 아벨의 제물만 받고 카인의 제물은 받지 않았다.

카인은 동생과 비교당한 것에 몹시 기분이 상해 죄를 피하라는 신의 경고가 있었음에도 감정을 조절하지 못하고 아벨을 들판으로 유인해 돌로 쳐 죽인다. 신은 카인이 아벨을 죽인 것을 알았지만 일부러 카인에게 "아벨이 어디 있느냐?"고 물었다. 여전히 신에게 불만을 품은 카인은 "제가 아우를 지키는 사람입니까?"라고 반항한다.

신은 아벨의 피의 소리가 신에게 호소한다며 카인을 질책하고, 카인의 손에 아벨이 죽어 피가 땅으로 스며들었기 때문에 카인은 땅에서 저주를 받을 것이라고 한다. 카인은 결국 부모를 떠나 에덴의 동쪽에 있는 놋이라는 땅에 정착해 평생 죄책감과 처벌에 대한 두려움을 느끼며 살았다.

이것이 인류 최초의 살인자 카인의 이야기이다. 야담으로 전하는 전설도 있는데, 이 이야기에서는 여자를 놓고 다투다 동생을 죽인 것으로 나온다. 아담과 이브가 두 딸을 낳아 카인과 아벨이 여동생들과 결혼하게 되었는데, 아벨과 결혼한 여인이 더 아름다워 카인이 질투해 살인을 저질렀다는 것이다.

어떤 식으로든 카인의 원초적인 질투와 미움의 감정은 동생을 죽이고 자신까지 저주받는 치명적인 결과를 낳았다. 인류 최초 살인 대상이 형제라는 것은 형과 동생 사이의 관계가 필연적으로 경쟁의 속성을 지니고 있음을 보여준다.

싸우면서 자라는 게 아니라 자라서도 싸운다

아버지를 사랑했지만 자신의 동생을 미워했던 카인. 성서와 전설 속에는 인간의 몇 가지 본질적인 욕망이 함축돼 있다. 아버지에게 인정받고자 하며 형제를 질투하는 아들의 욕구와 소유욕, 종교적 전통에서 우월한 자리를 얻고자 하는 노력, 그리고 개인적 갈등이나 범죄, 나아가서 전쟁에 영향을 미치는 성적 욕구 등이다. 이는 정신분석학에서 말하는 접촉성 욕구, 자아의 욕구, 발작성 욕구, 성적 욕구로 개념화할 수 있다. 손디는 이 4가지 욕구를 인간의 본질을 구성하는 것으로, 유전돼 내려오며 문화적 학습으로 조절될 수 있다고 설명했다.

이 중 발작성 욕구paroxysmal drive는 카인 콤플렉스를 대표하는 요소이기도 하다. 손디는 뇌전증, 히스테리 환자들을 연구하며 성적 욕구와는 또 다른 독립된 원초적 욕구가 있음을 발견하고 이를 개념화해 발작성 욕구라 명명했다.

사람은 위협적인 상황이나 스트레스 환경에 놓이면 깜짝 놀라거나 불안, 공포, 증오 등의 정서를 강하게 느끼게 마련이다. 이는 생명을 위협하는 환경적 스트레스 요인으로부터 우리를 지켜주는 것으로, 선천적이며 반사적인 방어기제이다.

이러한 발작성 욕구에는 '아벨 성향'과 '카인 성향'이 포함돼 있는데 아벨 성향은 선과 정의, 관용, 용기 등 '선'을 표상하며, 카인 성향은 분노, 증오, 질투, 복수 등 '악'을 나타낸다.

근본적으로 발작성 욕구는 온전한 정서 상태를 나타내지만, 정서적으로 안정되지 못하고 어긋나게 되면 살인, 방화, 인종차별, 전쟁 등 악한 일의 원동력이 된다. 또한 지나치게 감정적인 사람은 카인과 아벨의 상태를 왔다 갔다 할 수 있다.

형제들 사이의 경쟁은 개인의 무의식 영역에서 일어나는 가장 난폭한 대립 중 하나이다. 정신분석가 샤를 보두앵은 어린아이들은 갑자기 동생이 생기면 폭력적인 반응을 보이며 질투하는데, 이는 순전히 동물적인 감정이라고 설명했다.

그런가 하면 동생에게는 형과 동등한 자리에 있고 싶고, 나아가서 형을 능가해 형의 자리를 차지하고 싶어 하는 마음이 있다고 했다. 아동 초기에 나타나는 이러한 욕구는 자신의 라이벌이 죽었으면 하는 바람으로 표현된다. 그래서 어릴 때는 조그만 것에도 흥분해 싸우다가 차츰 철이 들면서 잠잠해지는데, 그렇다고 질투의 감정이 아예 사라졌다고 볼 수는 없다. 그저 성장하면서 절제하는 것뿐이다. 아이들은 동생을 사랑하는 제스처를 취하기도 하지만, 이는 동생을 사랑해야 한다고 강요된 결과일 뿐이다. 억압된 적대감은 시간이 지나면 확연히 드러나곤 한다.

아이들이 보이는 카인 콤플렉스의 양상은 매우 다양하다. 아무런 이유 없이 울거나 우는 동안 아기 소리를 내는 등 퇴행행동을 하기도 하고, 동생을 아예 '없는 사람' 취급하기도 한다. 두통, 알레르기, 천식, 습진, 궤양 등의 신체 증상으로 나타나는 경우가 있는가 하면, 매사에 무책임하고 반항적으로 굴며 엇나가는 아이들도 있다.

동생에 비해 열등하다는 느낌을 이겨내기 위해 학교와 집에서 오히려 자만심을 갖고 모든 것을 독점하려 들기도 한다. 부모 눈에는 이해하기 어려운 행동이고 "일부러 하는 미운 짓"으로 보이지만, 아이 자신도 모르게 무의식 수준에서 일어나는 반사적인 방어기제이다. 여기에 충분한 돌봄이 뒤따르지 않으면 갈등은 더 격렬해진다. 흔히들 "아이들은 싸우면서 크는 것"이라지만, 카인 콤플렉스를 그대로 방치할 경우 끔찍한 비극을 부르기도 한다.

영국 왕실의 형제의 난

현재까지 명실상부한 왕실 위상을 지키고 있는 국가, 영국. '로열 웨딩'이라 불리는 왕실 결혼은 국가 축제로 여겨질 정도이며, 그들의 일거수일투족에 영국인뿐만 아니라 전 세계인의 이목이 집중된다. 이에 부응하기 위해 영국 왕실은 전 세대에 걸쳐 절제되고 모범된 생활을 보이려 노력해왔다. 하지만 윌리엄 왕자와 해리 왕자 사이 갈등으로 영국 왕실 이미지는 변화를 맞고 있다.

왕실에서 태어난 만큼 두 형제의 어린 시절은 평범하지 않았다. 아버지 찰스 왕세자(현 찰스 3세)에게는 결혼 전부터 만나던 여성이 있었는데, 둘의 관계는 결혼 생활 중에도 지속되었다. 남편의 사랑을 차지하지 못한 다이애나는 불행한 결혼 생활을 해야 했고, 급기야 맞바람을 피우는 지경에 이른다. 영국은 하루가 멀다 하고 왕세자 부부의 스캔들로 떠들썩했고, 이혼 후 다이애나는 파파라치에 쫓기다 교통사고로 사망한다.

평소 지나친 언론의 관심으로 심리적 문제를 겪고 있었던 해리 왕자는 어머니의 죽음 이후 더 큰 절망에 빠졌고 술과 마약에 빠져 산다. 해리의 마약 문제는 2002년 뉴스 1면 헤드라인으로 보도되었을 정도로 심각한 수준이었다. 당시 윌리엄도 알코올 남용 문제를 겪고 있었는데, 해리의 문제가 더 컸기 때문에 아버지와 동생 사이의 중재자로 치켜세워졌다.

전 세계가 해리의 마약 문제를 알게 되면서 그의 이미지는 점점 더 추락했고, 2005년에는 파티 의상으로 나치 제복을 선택하여 '나치 해리'로 불렸다. 이후 해리 왕자는 이 사건에 형 윌리엄 왕자도 관련되어 있었다고 밝혔지만 그 당시 해리 왕자의 평판은 최하점 수준이었기 때문에 오히려 윌리엄 왕자의 인기는 상승했다. 전직 보좌관에 의하면 이 사건으로 두 형제의 관계는 타격을 입었고, 해리 왕자는 자신과 달리 논란에서 가볍게 달아나 버린 형에게 크게 분노했다고 한다.

두 형제의 분쟁은 여기에서 그치지 않는다. 2011년 윌리엄이 결혼을 하고 조카들이 태어나자 해리 왕자는 왕위 계승 서열 3위에서 6위로 밀려나게 된다. 해리 왕자는 2018년 5월, 할리우드 배우 메건 마클과 결혼한다. 왕실 역사상 전례 없던 결혼에 이어 2020년에는 왕실로부터의 독립을 선언하며 해리 왕자는 또 한번 충격을 안겼다.

독립 이후에도 해리 왕자의 파격적 행보는 이어졌는데, 그는 자서전《스페어Spare》를 통해 그동안 공개된 적 없는 왕실 내부 이야기를 폭로한다. 책 제목 '스페어'는 왕가와 귀족 집안 차남을 일컫는 표현으로, '예비분'이라는 의미를 지닌다. 즉 해리 왕자 본인은 형 윌리엄의 예비분에 불과하다는 사실을 내포하는 것이다.

책에서 해리 왕자는 형 윌리엄으로부터 폭력을 당했는데, 그 이유가 해리 왕자가 마치 자신이 후계자인 양 행동하며 스페어 신세에 만족하지 못했기 때문이었다고 밝혔다. 할아버지 필립 공 장례식에서 얼굴을 붉히면서까지 형과 싸우자 아버지 찰스가 "얘들아 제발 내 말년을 비참하게 만들지 말아다오"라고 할 정도였다고 했다.

이처럼 윌리엄과 해리 왕자는 공식적·비공식적 자리를 가리지 않고 충돌했다. 다이애나 비 전기작가는 이런 두 형제의 관계가 마치 성경의 카인과 아벨과 비슷하다고 지적했고, 엘리자베스 여왕은 "해리 왕자가 관계를 스스로 파괴하고 있어 이제 카인과 아벨이 될 것 같다"라고 말했다.

해리 왕자는 〈굿모닝 어메리카〉와의 인터뷰에서 "이상하게도 우리 사이에 항상 이런 경쟁이 있었다. 나는 그것이 '상속자와 예비자' 관계에 의해 지속된다고 생각한다"라고 하며 윌리엄이 자신의 최대 적이며 어릴 때부터 경쟁 관계였다는 것을 인정했다.

최근 해리 왕자는 넷플릭스 다큐멘터리 〈해리&메건Harry & Meghan〉에서 형과의 관계가 틀어진 것에 대해 안타까운 마음을 표현했지만 해리 왕자의 연이은 왕실 내부 사정 폭로로 인해 형제 관계는 더욱 위태로워진 것으로 보인다.

할리우드의 앙숙 자매

할리우드의 대표 앙숙 자매, 올리비아 드 하빌랜드와 동생 조안 폰테인. 올리비아는 '할리우드 황금기'의 대표적 여배우로, 〈바람과 함께 사라지다〉의 멜라니 역을 맡았으며, 그 외에도 〈그들에겐 각자의 몫이 있다〉와 〈사랑아 나는 통곡한다〉 등 다수의 대표작이 있다. 조안 역시 영화 〈레베카〉〈애정의 맹세〉 등으로 한국 영화 팬들에게도 큰 사랑을 받은 배우이다.

조안은 연년생 언니가 어머니의 사랑을 독차지하고 싶어 자신에게 사납게 대했다고 한 반면, 올리비아는 어머니가 조안을 편애한다고 생각해 불만이 있었다. 조안은 어린 시절을 회상하며 "다섯 살 때 기억으로 언니가 성경에서 예수님 십자가 처형에 관한 구절을 크게 읽었다. 언니는 내가 무서워서 악을 쓸 때까지 반복해서 읽을 정도로 그 구절을 좋아했다"라고 했다. 언니가 자신을 죽이려 한다고 믿었던 조안은 9세가 되던 해에 언니를 죽이기로 마음먹기도 했으며, 한 번은 조안이 올리비아를 수영장으로 밀어버리자 올리비아는 조안의 쇄골이 골절될 때까지 때리기도 했다. 조안은 언니가 피해망상이 있는 것 같다고 고백했다. 서로 때리고 머리카락을 쥐어뜯는 건 다반사이고 올리비아는 조안에게 물려줄 옷을 일부러 찢기도 했다.

자매의 다툼은 성인이 되어서도 계속되었다. 먼저 배우 생활을 시작한 올리비아를 따라 조안도 배우로 데뷔한다. 하지만 조안은 올리비아에 비해 무명 기간이 길었던 탓에 언니의 그늘에 가려져 살 수밖에 없었다. 올리비아는 조안이 자신과 같은 스튜디오에서 일하는 것을 원하지 않았고, 할리우드에 '드 하빌랜드'는 자신 한 명뿐이라며 동생에게 다른 성을 사용하도록 했다. 그리하여 조안은 탐탁지 않았지만 계부의 이름인 '폰테인'으로 바꾸어 사용하기 시작하였다. 그 후 올리비아는 "조안 폰테인. 나는 그녀가 누군지 모른다"라고 하며 아예 모르는 사람인 양 대했다.

1942년에는 두 자매 모두 오스카 아카데미상 후보에 오른다. 올리비아는 동생의 수상을 같은 테이블에 앉아 지켜보았고, 조안은 축하 인사를 건넨 언니를 무시해 논란이 있기도 했다. 1947년에는 올리비아가 수상을 했는데, 올리비아 역시 이때 조안을 무시했다.

이들의 관계는 억만장자이자 영화 제작자 하워드 휴즈로 인해 더 악화되었는데, 당시 하워드는 올리비아의 연인이자 약혼자였지만 그녀의 동생인 조안에게 사랑 고백을 한다. 조안은 고심 끝에 올리비아에게 이야기했지만 올리비아는 조안이 먼저 자신의 연인을 유혹한 것으로 의심하고 결국 휴즈와 파혼에 이른다.

조안은 브라이언 아헌과 결혼했는데, 그 역시 올리비아의 전 남자친구 중 한 명이었다. 당시 여성에게 결혼은 반드시 필요한 것으로 여겨졌기에, 동생이 언니보다 먼저 결혼한 것은 매우 큰 이슈가 되었다.

1978년, 조안은 한 인터뷰에서 "올리비아는 모든 걸 자신이 먼저 해야 했다. 그런데 내가 결혼도 먼저 하고, 아카데미상도 먼저 타고, 아이도 먼저 낳았다. 내가 먼저 죽으면 그녀는 분노할 것이다"라는 말까지 했다.

어머니의 죽음으로 자매의 관계는 완전히 박살 나는데, 조안은 아무도 자신을 어머니의 추모식에 초대하지 않았다고, 올리비아는 조안이 너무 바빠서 참석하지 못한다고 말하며 상반되는 입장을 밝히며 서로를 비난하기 바빴다. 조안은 이런 언니를 두고 사람들에게 "남편을 무시하는 것처럼 언니를 무시해도 된다"라고 말하기까지 했다.

둘은 죽을 때까지 화해하지 않았고, 2013년 동생 조안이 사망하자 올리비아는 그제야 지난날을 후회한다고 말했다고 한다.

사회적 기술을 습득할 수 있는 관계로

형제자매는 태어날 때부터 있던 경쟁자, 아니면 혼자 부모를 독차지하고 있다가 생겨난 경쟁자, 우리 인생의 최초의 경쟁자일 것이다. 같이 있을 시간이 많고 같은 링 안에 있는 상대이다. 생존본능 때문에 우리는 형제를 의식할 수밖에 없다.

그런 경쟁과 비교가 더 성장할 수 있고 더 나아갈 수 있는 힘을 키워줄 수 있다. 그뿐만 아니라 경쟁과 갈등을 통해 여러 가지 사회적 기술을 습득하게 된다. 형 소유의 장난감을 얻기 위해서 무조건 소리 지르고 힘을 쓰다가 도리어 형에게 맞아본 경험, 그 장난감을 갖기 위해 설득하고 회유하는 모든 과정들이 가정 안에서 형제들을 통해 습득될 수 있다. 그래서 성인이 되어 타인과의 관계에서 이런 기술들을 따로 배울 필요 없이 잘 사용하게 된다. 협동과 배려나 질서 등 친사회적 행동도 자연스레 습득된다.

많은 아이들이 형제를 향한 질투와 적개심을 절제할 수 있으며 진심 어린 사랑으로 바꿀 수 있다. 여기에는 2가지 요소가 결정적으로 작용한다. 부모를 향한 사랑과 도덕적 의무에 대한 인식이 그것이다. 즉 자신이 부모를 사랑하고 부모도 자신을 충분히 사랑한다는 느낌을 받으면 형제에 대한 질투는 자연스럽게 사라진다. 또한 사회생활에서 질투와 적개심을 절제해야 한다는 것을 받아들이기 시작하면서 형제를 향한 악감정도 차츰 수그러든다.

아이들이 형제자매와 자연스럽게 갈등을 해결하는 과정은 훗날 학교에서 친구를 사귀고 사회관계를 맺을 때도 반복된다. 카인 콤플렉스는 어린 시절에 큰 시련과 좌절을 안겨주지만, 평생 사회생활을 해나가는 중요한 밑거름이 되는 것이다.

자신과 가장 비슷하고 가장 가까운 혈육임에도 이렇듯 처절하게 미워하는 심리, 카인 콤플렉스는 어쩌면 우리 모두에게 있을 수 있다. 내 형제나 자매에게 나도 모르게 경쟁심, 질투심을 품지 않았는지 그리고 그것이 얼마나 강한지 한 번쯤 돌아보는 것은 어떤가. 형제자매는 생애 최초의 경쟁자인 동시에 평생을 함께 하는 동행이라는 점을 명심해야 할 것이다.

11

남편에게
복수하는
아내

메데이아 콤플렉스
Medeia Complex

처음에는 너무나 사랑했다. 그런데 그가 다른 사람을 사랑한다. 믿었던 친구와 팀원이 나에게 등을 돌린다. 목숨 바쳐 사랑하고 믿었던 이들에게 이제 목숨 바쳐 복수하려 한다.

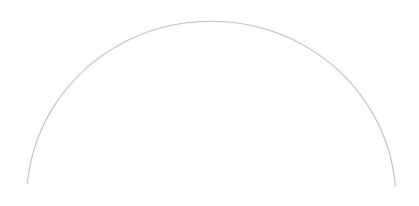

이 복수의 끝은

원시시대로부터 인간은 2가지 본능을 가지고 있었다. 생산본능과 생존본능이다. 맹수들 사이에서 그리고 험한 자연에서 살아남아야 하는 생존본능, 그리고 내가 죽더라도 내 종족은 유지되어야 한다는 생산본능.

이것은 인간에게만 있는 것도 아니고 모든 동물들에게 존재하는 것일 게다. 그러나 이러한 본능이 때로는 왜곡되고 비정상적이고 파괴적 행동으로 표출될 수 있다. 금이야 옥이야 자녀를 끼고 살며 정서적으로 떨어지지 않으려 하거나 지나친 과잉보호를 하는 부모가 있다. 반대로 자녀를 학대하거나 방임하는 부모들도 있다.

흔히 아이에게 폭력을 행사하는 사람은 아빠이거나 '계모'라고 생각하기 쉽지만, 엄마에 의한 폭력도 무시할 수준을 넘어선다. 아이 자체가 밉고 귀찮아서 학대하는 경우가 있다. 하지만 타인에 대한 분노와 복수심을 애꿎은 자녀에게 폭발시키는 경우도 많다. 아이의 아빠에 대한 원망과 미움이 약한 아이에게 향하는 것이다.

아이에게 남편 험담을 하며 아빠를 원망하도록 세뇌한다. 남편으로부터 아이를 빼앗아버리고 격리시키기도 하고 극단적인 경우 자신이 낳은 아이에게 폭력을 가하거나 심지어는 살해하기까지 한다.

2017년, 제시카 이든스라는 여성이 남편이 바람을 피운 상대인 메러디스 라임과 자신의 5세 딸과 9세 아들을 총살한 후 자살했다는 기사가 보도되어 충격을 주었다.

사건으로부터 일주일 전, 그녀는 가정법원에서 남편을 만났다. 남편과의 양육권 분쟁으로 분노가 극에 달한 그녀는 남편을 향한 복수심에 끔찍한 살인을 계획했다. 전남편은 그녀가 늘 자녀를 무기로 사용해왔다고 말하며, 자신이 자녀를 만나거나 자녀와 통화하는 것도 금했다고 말했다. 그녀는 남편에게 "네가 원하던 대로 아내와 자녀 없이 살게 될 거야"라는 식의 협박 문자들을 보내 남편을 두려움에 떨게 하기도 했다. 결국 그녀는 자기가

하던 말을 행동으로 옮겼다.

사실 제시카 이든스는 이전에 한 차례 이혼했었다. 의지할 사람이 없었던 그녀에게 현 남편이 나타났고 드디어 안식처를 찾았다고 생각했다. 그러나 믿었던 두 번째 남편마저 바람을 피우자 참을 수 없는 고통과 배신감을 느꼈던 것이다.

단순한 복수심이라면 당사자와 바람피운 여성에게만 분노를 표출했을 텐데 자기 자녀들까지 살해한 이유는 무엇일까? 살인 전에도 그녀는 이미 분노 표출을 했었다. SNS상에 "이 어린 여자는 자존심도 없고 도덕도 없습니다" "이 여자는 아이가 있는 기혼 남성과 사귀었습니다"라며 남편이 바람을 피운 상대인 메러디스 라임에 대한 욕을 했으며, 그녀의 실체를 알아야 한다며 그녀의 친구들에게 연락하기도 했다.

하지만 이런 행동만으로는 메데이아 콤플렉스를 가지고 있던 그녀의 고통을 잠재우기에는 역부족이었다. 남편에게 그 애인의 죽음과 자녀의 죽음 그리고 자신의 자살까지 선사하고 떠난 후에야 복수극은 막을 내렸다.

또한 2019년에는 두 쌍둥이의 엄마인 38세 사만다 포드가 남편과 결별 후 자식을 욕조에 빠뜨려 살해한 끔찍한 사건이 보도되었다. 정신과 의사인 필립 조지프 박사는 법원에 출석하여 사만다가 소원해진 남편에 대해 분노와 배신감을 느껴 자녀를 살해하는 방식으로 복수를 한 것이라고 진술했다. 남편이 아이들을 얼마나 사랑하는지 사만다는 알고 있었고 아이들을 살해하는 것이 자신에게 돌아오지 않는 남편에 대한 가장 큰 그리고 영원한 처벌이라고 생각한 것이라고 주장했다.

가족에게 고통을 가하는 메데이아

그녀들은 왜 이렇게까지 한 것일까? 그런 행동의 일부를 메데이아 콤플렉스에서 찾아볼 수 있다. 미국의 법정신의학자인 필립 레즈닉은 1751~1967년 사이에 일어난 155건의 자식살해filicide를 검토해 자식을 살해하는 부모의 동기를 5가지로 정리했다.

첫 번째는 '이타적 살해'이다. 죽음이 자녀가 겪고 있는 (또는 겪고 있다고 생각되는) 고통에서 해방시켜줄 것이라 믿는 것이다.

두 번째는 정신이상에 의한 살해다. 가장 흔한 경우로, 조현병 등 정신증을 앓고 있는 부모가 환각이나 섬망delirium 상태에서 자식을 살해하는 것이다. 자식을 살해한 55명의 여성들을 조사한 결과 52퍼센트가 범행 당시 정신증을 앓았다는 연구결과도 있다.

세 번째는 원하지 않았던 자녀를 살해하는 경우다. 특히 소외 계층에서 아이를 키울 여력이 없거나, 떳떳하지 못한 출산으로 사회적 지탄을 받을까 두려워 아이를 낳자마자 죽이는 사례가 많다.

네 번째는 아동학대다. 아이를 폭행하다 사고가 발생하는 경우인데, 보통 아버지들이 이런 범행을 더 많이 저지른다.

주목할 것은 다섯 번째 동기다. 배우자에게 보복하기 위해 아이를 죽이는 부모들이 있는데, 레즈닉은 이를 가리켜 '메데이아 콤플렉스'라 명명했다.

메데이아 콤플렉스란 "엄마가 자신의 자녀가 사망하기를 바라는 상황"으로, 자녀의 아버지를 향한 복수심에서 비롯된다고 한다. 또한 알베르트아인슈타인의과대학 정신의학과의 존 제이컵스가 발표한 1988년 논문에서도 메데이아 콤플렉스를 "남편을 향한 배신감과 적대심 때문에 자녀들이 아버지를 미워하도록 세뇌하는 것"이라고 설명하기도 한다.

메데이아 콤플렉스는 그리스 신화에서 가장 강렬한 인물 중 하나인 메데이아의 이야기에서 비롯되었다. 사랑에 삶을 걸었던 메데이아의 이야기는 기원전 431년 에우리피데스의 〈메데이아〉라는 비극으로 재탄생해 당시 큰 논란을 불러일으켰다고 한다.

메데이아는 태양신 헬리오스의 손녀이자 흑해 부근의 고대국가인 콜키스의 공주이자 마법사였다. 옆 나라에서는 왕자의 삼촌이 왕위를 차지하고 내놓지를 않는다. 왕자 이아손에게 삼촌은 콜키스의 보물인 황금 양털을 가져오면 왕위를 주겠다고 한다. 이아손은 용과 싸워 이겨야만 황금 양털을 얻을 수 있었다.

콜키스의 공주 메데이아는 이아손에게 첫눈에 반해 마법으로 이아손을 도와준다. 메데이아의 도움으로 황금 양털을 얻은 이아손은 그녀와 함께 콜키스를 급히 떠난다. 메데이아는 아버지를 배반하고 이아손을 따라 나선다.

그러나 그들의 미래는 그렇게 밝지 못했다. 이아손은 왕이 되지 못하고 도리어 쫓겨난다. 메데이아에게 영원한 사랑을 맹세하고 두 아들까지 낳았지만, 야심을 버리지 못해 다른 나라인 코린토스의 아름다운 공주 글라우케와 결혼해 왕위에 오르려고 한다.

모든 것을 버리고 사랑만을 믿고 따라온 메데이아는 이아손의 배신에 분노하며 복수하게 된다. 그 복수의 극단은 이아손의 피붙이, 즉 자신의 두 아들을 죽이는 것이었다. 자신의 아이가 죽는 괴로움보다 남편이 아이를 잃었다는 상실감으로 고통스러워하는 것을 바라보는 희열이 더 컸던 것이다. 가히 복수의 여신이라 할 만하다.

어느 누구보다 헌신적이고 사랑이 넘치는 어머니가 친자식을 죽이다니, 고대 비극의 과장된 이야기로 여길지 모르겠다. 그러나 현실에서도 메데이아들은 존재한다. 매년 미국에서만 200명 넘는 여성이 자신의 자녀를 죽인다. TV를 켜면 폭력의 희생양이 된 아이들, 태어나자마자 목숨을 잃고 버려진 아기들 뉴스가 심심찮게 나온다.

우리는 엄마가 어떻게 저럴 수 있냐며 분개하지만, 헌신적인 엄마와 메데이아의 경계는 생각만큼 뚜렷하지 않다. 폭력을 행사하지는 않더라도 아이에게 순간적으로 분노를 폭발시켰다가 죄책감에 눈물 흘린 경험은 엄마라면 누구든 한 번쯤은 있을 것이다.

이처럼 메데이아 콤플렉스의 대표적인 증상은 자기 자식을 죽일지도 모른다는 불안감과 공포심이다. 에드워드 스턴은 메데이아 콤플렉스의 증상으로 아이에게 적대감을 드러내고, 이유 없이 아이를 잔혹하게 다루거나 방치하는 것을 들었다. 남편을 닮은 아이를 낳기 싫어서 부부관계를 거부하고 아이에게 못할 짓을 하고는 죄책감에 스스로를 학대하기도 하고, 우울감에 시달리며 자살충동을 느끼기도 한다.

이 모든 증상이 생겨난 이유는, 메데이아에서 보았듯이 남편에 대한 분노 때문이다. 남편에 대한 사랑이 배신으로 이어졌을 때 자녀를 해침으로써 상처받은 자아를 보상받으려 한다고 볼 수 있다.

버림받은 여성이 모두 메데이아가 되는 것은 아니다. 남편에게 철저히 의존적인 여성이 배신당할 때, 그녀의 사랑은 증오로 변질되곤 한다. 정서대립이론이 이를 잘 설명하는데 2가지 대립되는 정서가 공존한다는 것이다. 예를 들어 사랑과 증오, 기대와 실망, 충성과 배신과 같은 대립되는 감정은 서로 같이 존재한다. 어느 한쪽 감정이 클 때 다른 감정은 그 옆에 가만히 숨어 있게 된다. 사랑이 클 때 증오는 상대적으로 작아져 있다. 그러나 사랑이 점차 시들거나 식어버린 이후는 증오가 상대적으로 커지게 된다.

미치도록 사랑했던 사이인데 헤어지고 나면 상대에게 갖은 비난과 증오를 보이는 경우가 얼마나 많은가. 애초에 관심이 전혀 없었던 사람에게는 그렇게까지 과한 비난이나 증오도 안 하게 된다.

의존적이며 상처받은 사람들

어릴 때 경험했던 폭력이나 부모의 학대가 자신의 자녀에게 끼치는 영향이 매우 크다. 이런 폭력은 대물림되는 특성 또한 가지고 있어서 자신의 자녀에게 그런 행동을 하기 쉬워지기도 한다. 남편과의 관계가 원만치 않거나 남편으로부터 심한 배신감을 느낄 때 그 분노가 자녀에게 향할 수도 있는 것이다. 특히 메데이아 콤플렉스를 과거에 맺은 어머니와의 적대적 관계에 따른 것이라고 추정하기도 한다.

이 콤플렉스는 여성들에게 발견되는 독특한 증오의 예라고 설명할 수 있다. 어린 시절 어머니가 쏟아낸 분노로 내적 상처를 입고, 이것이 곧 수치심과 정의감으로 이어져 이후 자녀를 학대하게 된다는 것이다.

정의감이 학대로 이어진다는 말이 좀 의아할지도 모르겠다. 여기서 말하는 정의감이란 타인이 내게 입힌 피해를 바로잡고자 하는 의지이다. 우리에게는 모두 자아보존 본능self-preservative이 있다. 생존하기 위해 먹고 자고 배설하고 움직이는 등의 원초적 욕구가 있는데, 타인에 의해 상처 입게 되면 스스로를 지키기 위해 증오와 분노가 생긴다.

즉 "다른 사람들이 내게 이렇게 피해를 입혔기 때문에 나는 이런 행동을 할 권리가 있다"고 생각하는 것이다. 그래서 초자아 super-ego에 결함이 있으면 자신이 어머니에게 당한 부당한 대우를 자녀에게 똑같이 해도 된다고 생각한다.

신화 속 메데이아는 확실히 초자아에 결함이 있었다. 그녀는 이아손을 위해 아버지를 배반하고 남동생과 남편의 경쟁자를 죽였다. 또한 남편의 새 신부와 그 아버지뿐 아니라 자신의 자녀까지 죽였다. 남편에 대한 믿음이 자녀를 보호하고자 하는 본능조차 뛰어넘은 것이다.

메데이아 성향의 무의식에는 자녀와 남편이 같은 것을 상징한다. 자신을 배신했거나 배신할지도 모르는 대상이다. 그래서 그 둘의 파괴를 바라게 된다.

가장 사랑하는 남자와의 사이에서 낳은 가장 사랑하는 아이에게 끔찍한 행동을 하는 것은 분명 비정상적인 콤플렉스이고 극단적인 경우다. 이런 극단까지는 아니더라도 아이에 대한 나의 사랑이 정상적인 것인지, 혹시 과도한 집착은 아닌지, 한 번은 짚고 넘어갈 필요가 있다. 우리 사회처럼 아이에 대한 엄마의 친밀감이 강조되는 사회에서는 더더욱 그렇다.

죄 없는 아이를 죽이는 것이 정말 남편에 대한 복수일까. 상대의 파멸뿐 아니라 본인의 파멸을 가져오는 것이 정말 복수일까.

나와 나의 소중한 것을 파괴하는 행위

자녀를 살해하는 극단적 행위만이 메데이아 콤플렉스는 아니다. 남편을 비난하고 잘못을 파헤치면서 자녀로 하여금 아버지를 미워하도록 세뇌하는 것 역시 메데이아 콤플렉스이다. 어릴 적 한 번쯤 "하는 짓이 아빠랑 똑같이 그 모양이니" 하는 엄마의 핀잔을 들어본 적 있지 않은가?

어머니는 가벼운 한탄을 한 것에 불과했을지 몰라도, 그 말을 들은 당신의 마음속에는 작은 상처가 생겼을 것이다. 그 상처만큼 아버지에 대한 불신도 조금 깊어졌을 것이다. 아버지보다 엄마와 더 친밀한 경우에는 엄마의 말을 은연중에 믿게 된다. 세뇌당하는 것이다. 일종의 가스라이팅이라고도 할 수 있다.

이렇게 볼 때 우리 주변에 잠재적인 메데이아가 얼마나 많은

가. "나중에 네 아빠 같은 남편은 절대 만나지 마라"고 한탄하는 것이나 "네 아빠만 안 만났어도…" 하고 푸념한 적이 있다면, 주의 또 주의할 일이다. 당신의 사소한 한탄과 분노가 수십 배의 파괴력을 갖고 대물림될 수 있으니까 말이다.

나는 무심코 하는 말이지만 아이에게는 평생 잊지 못할 말로 기억되기도 한다. 그리고 그 말들이 결국 평생에 걸친 자신의 가치관이나 신념이 되기도 한다. 그러기에, 나의 생각, 잘못된 판단을 아이에게 무조건 주입시키지 않도록 해야 한다. 아이는 하나도 놓치지 않고 다 듣고 있다. 그리고 엄마의 말이 그저 맞는다고 생각하게 된다. 성장해서 스스로 판단할 수 있게 되어도 어릴 때 이미 만들어진 생각은 쉽게 바뀌기 어렵기 때문이다.

12

아들과
경쟁하는
가부장

크로노스 콤플렉스
Kronos Complex

사회적 기준에 나의 행동을 맞추려고 노력해왔다. 그 기준에 반하는 행동을 떠올리는 것만으로도 죄책감이 든다. 이 불편한 감정을 억누르다가 나도 모르게 자식들에게 강압적인 행동으로 쏟아낸다. 아들이 나보다 잘난 사람이 될까 두렵기도 하다.

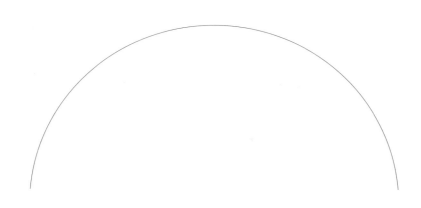

사랑의 매라는 폭력

2006년 남원경찰서는 13세 친아들을 몇 년간 상습적으로 폭행해온 아버지를 구속했다. 아버지는 외아들을 어릴 적부터 엄격한 훈육 태도로 키워왔다고 했다. 하지만 그가 아들에게 한 체벌은 도저히 '사랑의 매'라고 볼 수 없다. 아들은 아버지가 손과 발을 이용해 때리는 것뿐만 아니라 몽둥이가 될 만한 각종 둔기를 사용했다고 진술했다. 어머니는 이런 아버지를 말리려고 했지만 가부장적인 남편으로부터 아들을 지켜내기에는 역부족이었다.

아무런 저항도 못한 채 아버지에게 순응하던 아들은 신체적·정신적으로 점점 성장하자 아버지에 대한 반항심이 생겨났다. 아들에게 아버지가 있는 집은 피할 수만 있다면 피하고 싶은 공간이 되었고, 학교 보충수업이나 자율학습을 핑계로 친구들과 시간을 보내다 늦은 시간에 귀가하는 날이 잦아졌다.

이전과는 다른 아들의 모습에 의심이 늘어난 아버지는 아들을 추궁했고, 아들이 거짓말한 사실을 알게 되자 그때부터 그의 폭행은 엽기적인 수준으로 치달았다. 아버지는 둔기로 아들을 폭행하는 것도 모자라 수갑과 밧줄, 청색 테이프를 구해 아들을 결박해 폭행하기도 했다. 또 커터 칼을 던져주며 아들에게 스스로 배를 그어서 나오는 피로 혈서를 쓰게 하기도 했다. 혈서의 내용은 아버지에 대한 순종을 약속하는 내용이었다.

아들의 병원 진료 기록은 아버지의 무자비하고 참혹한 폭행을 고스란히 보여주고 있었다. 뼈가 부러지거나 피부가 찢어지는 부상에서부터 타박상이나 두개골 골절까지 심각한 학대 흔적에 경찰 관계자들조차 놀라움을 금치 못했다.

조사 과정에서 아버지는 아들이 미워서 그런 짓을 한 것이 아니라고 했지만, 자신의 손아귀에서 벗어나려는 아들을 견디지 못한 것이다. 순종해야 하는 자식이 성장해가면서 자신의 권위를 넘본다는 불안감이 도를 넘은 가학적 행동으로 나타난 것이다. 바로 '크로노스 콤플렉스'이다.

자식을 집어삼킨 아버지, 크로노스

크로노스 콤플렉스는 그리스 신화의 크로노스가 자신의 자식들을 집어삼킨 이야기에서 비롯된다. 티탄족의 막내 크로노스는 우라노스(하늘의 신)와 가이아(땅의 신) 사이에서 태어났다. 우라노스와 가이아는 태초에 모든 것의 혼란 속에서 탄생했는데, 그들의 자식들 또한 이러한 혼란과 불안정을 물려받은 데다 외모마저 흉측했다. 괴물같이 생긴 자식들을 본 우라노스는 두려운 마음에 자식이 태어나자마자 가이아의 자궁으로 돌려보냈고, 비탄에 빠진 가이아는 태어날 자식들에게 복수를 명했다.

마침내 막내 크로노스가 잠자던 우라노스의 성기를 낫으로 베어 바다에 던져버렸다. 그러나 크로노스가 어머니와의 약속을 깨고 형제들을 풀어주지 않자 가이아는 또다시 절망하며 저주를 내린다. 아들에게 쫓겨난 아비의 운명이 대물림될 것이라는 저주였다.

타이탄의 왕위에 오른 크로노스는 가이아의 예언을 두려워해 태어나는 아이들마다 집어삼켜버린다. 부인 레아는 아이들이 태어나는 족족 잡아먹히자 시어머니 가이아에게 도움을 청한다. 가이아는 돌덩이를 강보에 싸서 아이인 것처럼 속이라고 조언하고, 보기 좋게 속아 넘어간 크로노스는 돌덩이를 삼킨다.

그렇게 해서 겨우 목숨을 건진 막내아들 제우스는 크레타섬

동굴에서 몰래 자란 후 크로노스에게 약을 먹여 배 속에 있던 형제자매들을 토해내게 하고 지하세계 타르타로스에 아버지를 영원히 가두어버린다.

3대에 걸쳐 이어진 어긋난 부자관계. 크로노스 콤플렉스는 이 중 아버지의 심리에 주목한다. 즉 파괴적으로 자식을 없애는 잔인한 살인행위를 아버지가 아이의 존재와 가능성을 무시하는 의미로 확장한 것이다. 상담가 존 크랜달은 아버지가 아이의 존재와 가능성을 무시하고, 아이가 독립적이고 주체적으로 살아갈 수 없도록 하는 것을 가리켜 크로노스 콤플렉스라 정의했다.

왜 칭찬하지 못할까

아이가 스스로 자신의 가능성을 발견하고 발전시켜 훌륭한 어른으로 성장하기를 바라는 게 부모 마음이라고 당연히 생각하겠지만, 이 말에 떳떳한 부모가 얼마나 될까 묻고 싶다. 규칙을 가르친다고 "하지 마" "안 돼"를 입에 달고 살면서, 자신의 입맛대로 아이들이 움직여주길 바랐던 것은 아닌지.

크로노스 콤플렉스가 지배하는 부모는 자신의 기준에 아이들이 절대 순종할 것을 요구한다. 그들에게 아이란 부모의 뜻을 따르기 위해 사는 존재이다. 아이가 자신의 말을 안 듣는다고 아이에게 폭력을 휘두르는 부모의 심리란 대개 이렇다. 아이들의 행동을 바로잡는다는 명분하에 아이의 행동을 비판하고 혼내면서, 정작 아이가 잘한 일에 대해서는 무관심하다.

이런 아이는 칭찬받기를 기대했다가 낙담하고, 그 행동을 또 하고 싶어도 부모가 좋아하지 않을까 봐 망설이게 된다. 부모의 눈치를 볼 수밖에 없게 되고 자신의 모든 행동을 부모의 잣대에 맞출 수밖에 없을 것이다.

아이가 잘하는데 부모는 왜 좋아하지 않을까? 새로운 지식과 가치관을 배운 아이들이 부모의 권위에 도전할까 봐 두려워서 다. 그래서 아동학대를 하는 부모 중에는 아이를 학교에 보내지 않고 복지기관의 도움도 거부하는 경우가 흔하다. 할 수 있다고 말하는 아이에게 "아니, 넌 못 해"라며 찬물을 끼얹는 것이 일상 다반사다.

캔자스주립대학교의 마리아 디파올리 교수는 크로노스 신화를 '잔인함의 절정'이라고 표현하며, 자신의 힘과 주권을 잃을 것을 두려워하는 마음이 식인행위를 야기했다고 설명했다. 크로노스는 아들이 자신의 왕위를 찬탈할 것이 두려워 자식들을 집어삼켰다. 이처럼 크로노스 콤플렉스는 자기 손에 들어온 권위와 이익을 유지하고픈 열망에서 발현된다.

이 열망이 지나치게 커지면 폭력적인 아버지가 지배하는 가정환경이 형성될 수 있다. 아이가 울고 보채는데 달래지 않고 오히려 화를 내고 때리는 아버지들이 있지 않은가. 이런 아버지들은 아이가 자기 말을 듣지 않는 것을 자신의 지위와 권위에 복종하지 않고 감히 자신보다 높아지려 하는 것으로 받아들인다. 정도의 차이는 있지만 일종의 피해망상이다.

부모와 자녀 관계에 관해 가장 기초가 되는 것으로 오이디푸스 콤플렉스가 있다. 오이디푸스 콤플렉스는 아동이 같은 성별의 부모를 싫어하고 적으로 생각하며 파괴하고 싶어하는 욕구이다. 정상적인 성장발달로 볼 수 있는데 대략 3세에서 6세경 아이들이 이성 부모를 좋아하고 의존하면서 동성 부모를 경쟁자로 생각해서 미워한다는 콤플렉스이다. 예를 들어 아들이 엄마를 좋아해서 아버지를 적대시한다든지, 딸이 "나는 아빠랑 결혼할 거야"라는 말을 하면서 유독 아빠를 따른다든지 하는 시기가 있다는 것이다.

나이가 들면서는 동성 부모를 따라 하고 닮으려 하는 시기가 나타난다. 그래서 아빠의 긴 넥타이를 매고 유치원에 가겠다고 떼를 쓰는 아들이나, 엄마의 높은 힐을 신고 나가겠다는 딸의 모습을 볼 수 있다. 동성의 부모를 동일시하는 과정에서 아이는 남자로서, 여자로서의 사회적 역할을 익혀나간다.

복종을 강요하다간

런던대학교의 레이첼 보울비 교수는 자신의 저서《프로이트식 신화Freudian Mythologies: Greek Tragedy and Modern Identities》에서 프로이트가 아버지와 아들의 관계를 어떻게 해석했는지 설명한다. 아버지의 힘은 남성적으로 지휘하는 힘이고, 아들은 아버지가 자신을 혼낼까 봐 두려워한다. 이 두려움이 신화에서는 '먹히는' 행위로 표현된다. 아버지의 성기를 자르고 아들을 먹는 등의 행위에서 볼 수 있듯이, 크로노스와 우라노스는 다양하고 정교한 인물들이기보다는 원초적인 인물들로 표현된다. 아버지 밑에서 아들은 자신의 성기가 거세당하지 않기 위해 복종하고 자신의 뜻을 포기한다. 이는 사회에 적응하기 위한 일종의 거래라고도 볼 수 있다.

아이들은 무력해서 어른의 도움이 필요하다. 자아가 형성되지 않았기에 외부의 많은 것들을 혼자서는 받아들일 능력이 없다. 그래서 아이에게는 가족이 필요하다. 가족에 의지하지 않고는 살아남기 어렵기 때문이다. 그 대가로 아이들은 자신의 모든 선택권을 박탈당한 채 가족의 요구에 복종해야 한다.

모든 아이들은 강해질 가능성을 지니고 있다. 자신의 부모를 뛰어넘을 수도 있다. 스승이 청출어람을 꿈꾸듯이 대부분의 부모는 자식이 자신들을 뛰어넘길 원한다.

크로노스 콤플렉스를 가진 부모들은 아이들의 잠재력을 주체적인 삶을 살게 하는 가능성이 아니라 부모의 권위를 무너뜨리는 위협적이고 부정적인 요소로 받아들인다. 그래서 아이들의 능력을 북돋기보다는 착취하고 가능성이 싹틔우지 못하도록 묻어두려 한다.

자식이 자신을 무시하거나 홀대한다는 느낌이 들면 분하고 억울한 마음이 밀려들게 된다. 이러한 불안감이 과할 때 크로노스 콤플렉스가 나타날 수 있다. 이렇게 인간은 이중적인 면을 가지고 있다.

이런 아버지에게서 자란 아이들은 어떻게 될까? 복종을 일상화하면서 아이들은 점점 무력해지고, 자신을 힘들게 하는 가족으로부터 가급적 떨어져 또래 친구들과 가까이 하려 한다. 아이들은 가족과 떨어짐으로써 자신에 대해 더 탐색하면서 자신의 진정한 모습을 알 수 있는 기회를 갖게 된다.

하지만 부모는 아이가 통제구역에서 벗어난다고 생각해 아이를 제재한다. 아이의 행동이 가족 간의 친밀한 관계를 해친다고 경고하며 심하게는 친구를 못 만나게 하기도 한다. 크로노스 성향의 아버지는 아들을 버릇이 나쁘고 교정이 필요한 아이로 간주한다.

아버지가 자기를 알아주기 바라는 아들은 갈망과 슬픔을 동시에 느낄 것이다. 그러다 시간이 지나면서 감정은 분노와 적대심으로 바뀐다. 아버지의 사랑을 더 이상 기대하지 않게 됐을 때 생겨나는 감정이다. 더 이상 아버지를 동경하거나 존경하지 않게 되면 분노와 함께 환멸을 느끼기도 한다. 아버지와 사춘기 아들이 한 방에 있다고 생각해보면 이해가 쉬울 것이다. 감정적으로 더 이상 친밀하지 않은 이들 사이에 어떤 대화가 가능하겠는가? 지극히 사무적이고 무미건조한 문답이 두어 마디 오가고 끝날 뿐이다. 그리고 성인이 되어 결혼한 후에는 본격적으로 부모와 떨어져 지내려 한다. 결과적으로 가족의 유대나 친밀함이 해체되는 것이다.

자식을 질투하고 조종하려는 부모

크로노스 콤플렉스는 특정한 환경이나 문화에서만 나타나는 현상은 아니다. 아버지가 아들을 인정하지 않고 학대하는 사례는 모든 문화권에서 볼 수 있다. 가부장제는 기본적으로 힘과 주도권이 누구에게 있는지를 중시하며, 사회의 규율과 관습을 통해 구성원들에게 권위에 순종하고 아버지의 뜻에 따라 살아야 한다고 끊임없이 주장한다. 지금은 많이 달라졌지만, 불과 한 세대 전만 하더라도 자녀를 폭행하면서 "내 자식 내가 마음대로 하겠다는데 무슨 문제냐"고 목청 높이는 아버지들이 많았다.

융 심리학자 진 볼렌은 크로노스 콤플렉스는 남성주의적 문화와 사회에서 찾아볼 수 있다고 했다. 크로노스 콤플렉스의 트레이드마크인 복종과 희생은 남성중심적 사회에서 극명하게 드러난다.

크로노스 콤플렉스를 가진 아버지는 아이가 자신과 다르지 않기를 원하며, 자신이 세운 계획에서 아이들이 벗어나지 않기를 바란다. 자식을 집어삼키는 크로노스의 행위는 아이들의 미래의 가능성도 집어삼키고 그저 아이들이 자신의 한 부분이 되기를 바라는 행위다.

조선 제15대 왕인 광해군은 폭력적인 이미지와 달리, 백성을 위한 정책을 만든 따뜻한 군주이기도 했다. 광해군이 재위한 시기는 임진왜란으로 땅이 황폐해졌을 뿐만 아니라 조선의 문화와 얼이 피폐해진 직후였다. 이러한 조선의 백성을 위로하고 일으켜 세우기 위해 광해군은 여러 정치 제도를 대범하게 실시했다. 대표적인 제도로 대동법과 선혜청이 있다.

백성은 재난 상황에서도 반드시 특산물을 바쳐야 했던 공납제로 고통받고 있었는데, 광해군은 공납제를 폐지하고 대동법을 만들었다. 공물을 쌀로 바치게 한 납세 제도인 대동법을 실질적으로 적용하려면 세금 제도를 전담하는 정부 기관이 필요했고, 이에 광해군은 선혜청을 설치하여 쌀 부족과 망한 농사로 배를 굶주리고 있는 백성의 세금 부담과 빚을 줄여주었다. 백성의 어려움을 헤아릴 줄 아는 임금이었음을 알 수 있다.

광해군은 정치적 수완과 외교 역량도 뛰어났다. 명나라와 후금 사이에서 조선은 이리저리 양쪽의 눈치를 보는 위치였는데, 광해군은 중립 외교를 통해 조선을 전쟁의 위협에서 지켜냈다.

이러한 업적을 보면 선조가 광해군을 칭찬하고 자랑스러워할 것이라 생각할 것이다. 그러나 광해군의 아버지인 선조는 이런 광해군의 뛰어난 역량을 못마땅해했다. 아들을 경쟁 상대로 보고 질투했기 때문이다.

선조의 시기가 잘 드러나는 일화가 있다. 임진왜란이 발발했을 때, 선조는 급히 광해군을 세자로 책봉하고 나라를 맡긴 후 피난을 떠났다. 광해군은 전라도와 함경도 등지에서 의병을 모집하고 식량을 모으는 데 힘쓰며 전쟁에서 큰 공을 세웠다.

선조가 돌아와 보니 자신을 향한 민심은 싸늘하지만 광해군을 지지하는 백성을 보고 위협을 느꼈고 아들을 더욱 경계했다. 광해군이 인정받고 유능할수록 자신의 무능함과 비교되었기 때문에 아들을 냉대하고 틈만 나면 딴지를 걸었다. 임진왜란 중에도 선조는 양위 소동을 벌여 광해군을 견제했다. 이는 민생 안정보다도 자신의 권위를 유지하는 것이 더 중요했다는 것을 방증한다. 아버지임에도 불구하고 아들이 자신의 자리를 위협한다고 여기며 아들을 견제하고 질투하는 선조의 모습은 크로노스 콤플렉스를 잘 드러낸다.

진 볼렌은 가부장제도가 사회적으로 극단화되면 파시즘으로 나타나고, 개인적 범위에서는 아버지와 아들의 관계에서 극명하게 드러난다고 설명한다. 가부장적인 가정에서 아들은 "아버지의 대를 이을 사람"으로 받아들여진다.

이런 생각은 자연스럽게 아들은 아버지의 기대를 충족하기 위해 살아가야 한다는 믿음으로 이어진다. 그 기대가 어떤 것이든 이는 아이의 성향이나 성장에 영향을 미칠 수밖에 없다. 아이의 특별한 재능이나 열망, 성향, 자신만의 목표는 부차적이고 중요하지 않은 것으로 취급되게 마련이다.

부모의 자긍심을 만족시키기 위해 아이들이 희생하는 경우가 없다고는 할 수 없다. 예컨대 남보다 자신의 학벌이 못하다는 열등감에 자녀들에게 가혹하리만치 공부를 강요하는 부모가 적지 않다. 아이가 좋은 대학 나와서 대접받는 직업을 갖기 바라는 마음도 물론 있을 것이다. 그러나 부모 스스로도 안다. 아이가 공부를 못하면 "부모 닮아서 그런다"는 비난을 받을까 봐 두려워하고 있다는 것을.

"I AM YOUR FATHER"

자신의 명예에 흠집이 날까 봐 전전긍긍하는 부모에게 아이의 적성이나 성향이 눈에 들어올 리 만무하다. 그래서 절대적인 복종을 강요하고 끊임없이 시시콜콜 따지고 통제한다. 그 말이 무시되거나 제대로 실행되지 않으면 난폭해지고 무자비해지는 것 또한 일종의 크로노스 콤플렉스이다.

이런 모습은 조지 루카스 감독의 SF영화인 〈스타워즈〉에서도 찾을 수 있다. 이 영화에 등장하는 다스베이더는 은하제국의 최고사령관이자 악의 세력을 이끄는 지도자로, 항상 검은 베일과 금속으로 된 헬멧으로 자신의 모습을 숨기고 음성을 변조하여 감정 없는 기계처럼 보이는 인물이다. 그는 광선검과 포스를 이용하여 은하제국에 반대하는 세력을 무차별적으로 제거하고 제국 안에서도 무능력하거나 반항하는 존재가 있다면 무조건 살해한다.

다스베이더와 은하제국의 약육강식 공포 정치로 은하계 전체가 공포에 떨고 있던 시기, 평범하게 살아가던 청년 루크 스카이워커는 은하제국을 무너뜨리기 위한 반란군에 가담한다. 스카이워커가 다스베이더와 우연히 마주쳐 결투하던 순간, 영화사에 길이 남을 명대사가 나온다. "I am your father."

다스베이더를 적으로만 생각하던 스카이워커는 이 한마디에 충격에 휩싸이고, 다스베이더는 스카이워커에게 자신과 제국, 즉 악의 세력에 합세하면 안락하고 화려한 미래가 보장될 것이라고 설득한다. 그러나 스카이워커는 그토록 잔인하고 비인간적인 다스베이더가 자신의 아버지라는 사실에 분노하며 오히려 그를 공격한다. 스카이워커가 계속해서 반항하자 다스베이더는 아들을 제국의 방해물이 될 인물로 여겨 아들의 손을 자르고 만다.

다스베이더와 루크 스카이워커는 부자관계임에도 의식적으로나 무의식적으로나 서로를 적대시한다. 다스베이더는 어둡고, 차갑고, 냉철하고, 잔인하기까지 한 성격을 가지고 있다. 반면 루크 스카이워커는 아버지와 달리 독자적인 삶을 추구하는 것으로 표현된다. 황제와 아버지 다스베이더가 그를 유혹하여 악의 세력으로 끌어들이려고 해도 스카이워커는 그러한 사회체제와 삶의 방식을 거부했다. 이를 통해 자립심을 가지고 자신만의 길을 선택하려 하는 아들의 모습을 볼 수 있다.

다스베이더가 아들에게 칼을 들이대며 복종을 요구하고 크로노스가 자식들을 집어삼켜 자신의 일부분으로 만들려 했듯이, 오늘날의 부모들도 아이들이 자신의 방식대로 자라기를 원한다.

진 볼렌은 가부장적 가치는 힘과 이성적인 판단, 주도권 확보를 중요하게 생각한다고 말한다. 이러한 가치는 의식적으로든 무의식적으로든 가정, 학교, 집단에서 칭찬과 벌의 형태로 드러난다. 어린 시절 칭찬과 벌을 지속적으로 경험하면서 아이들은 가부장적 가치를 따르고 자신만의 성향과 감정은 차츰 억누르게 된다. 사회가 요구하는 가치를 따라 자신의 행동과 태도를 맞추는 법을 배우는 것이다.

이 과정이 잘 진행되면 사회 가치관이나 사람들의 기대에 반하는 행동은 생각하는 것만으로도 죄책감과 수치심이 들 정도가 된다. 그래서 우리 안에서 예방 시스템이 작동한다. 죄책감 같은 불편한 감정을 없애기 위해 자신의 감정적이고 연약하고 원초적인 부분을 잘라내려고 노력하는 것이다.

특히 남자아이들이 더 심한데, 문제는 이처럼 잘리거나 묻힌 감정들이 완전히 사라지지 않고 남는다는 데 있다. 그러다 어느 순간 튀어나와 기존의 가치와 정면충돌하게 된다. 아버지와 아들의 대립이 시작되는 것이다. 아들을 없애고자 하는 강력한 아버지, 다스베이더처럼.

아버지와의 싸움에서 입은 상처를 회복한 스카이워커는 제다이 마스터인 요다에게 훈련을 받아 아버지처럼 광선검과 포스를 사용할 수 있게 되고, 그 능력으로 반란군과 함께 아버지 다스베이더가 이끄는 은하제국을 공격한다. 계속되는 전투에서 운명적으로 다스베이더와 다시 만나 아버지를 제압한다. 스카이워커가 은하제국을 위협하자 황제는 그를 죽이려 하고, 이에 다스베이더는 황제의 공격을 몸으로 받아내며 아들을 구하고 죽음을 맞는다.

자식은 나의 소유물이 아니다

다스베이더도 아들을 사랑하는 아비였지만, 그 사랑은 검은 베일과 차가운 금속 헬멧에 철저하게 가려져 있었다. 이처럼 당신 역시 자식을 사랑하면서도 자신의 진정한 모습을 검은 베일과 금속 헬멧 뒤에 숨기고 엄격함과 냉정함으로만 자녀들을 대하고 있지는 않는가? 자신의 기준과 울타리 안에 아이들을 가두려고 하지는 않는가?

"아들아, 너는 이렇게 살아라." 부모라면 누구나 자식에게 해주고 싶은 말이 있을 것이다. 내가 살아보니 이런 후회가 남더라는 교훈을 주고 싶고, 세상이 이런 사람을 원한다며 길을 보여줄 수도 있다. 그러나 딱 거기까지다. 어느 부모가 자기 아이들이 사랑스럽지 않겠는가.

그러나 그 사랑은 아이를 내 소유물이라고 생각할 때 무너지기 시작한다. 내 아이니까 내 마음대로 할 수 있다는 생각, 내 소유니까 내게 복종해야 한다는 생각, 그 생각이 크로노스 콤플렉스로 확장될 수 있다.

아무리 어리더라도 아이는 독립적인 존재이다. 부모는 아이가 세상에서 가치 있는 사람으로 성장하도록 도와주는 역할에 머물러야 한다. 부모란 자식이 인생에서 모든 결정과 책임을 다해 살아가도록 도와주는 존재일 뿐이다.

내 인생에 자녀들이 들어와 있다는 것보다 자녀 인생에 내가 들어가 있다는 생각을 해보면 어떨까. 상하관계가 아니라 경험과 삶의 시간을 같이 공유한 파트너로 생각해보는 것은 어떨까.

어릴 때는 비가 올 때 아이에게 일방적으로 우산을 씌워주는 부모가 필요할 것이다. 그러나 아이가 성장하려면 스스로의 우산을 가지고 함께 비바람을 이겨낼 수 있도록 아이에게 우산 쓰는 방법을 가르치고 함께 걷는 부모도 필요하지 않을까?

이제 검은 베일과 헬멧은 벗어버리자. 진정으로 아이의 미래를 위한다면 지나친 욕심부터 버리자. 그리고 아이가 잘 성장해 나가는 것을 진정으로 응원해주어야 한다. 아이가 나를 넘보는 힘을 가진 경쟁 상대가 아니라는 것을 망각하지 말아야 한다. 건강한 부모 아래서 건강한 자녀가 성장할 수 있음을 기억해야 할 것이다.

제3부

나를 지지하는 힘은
무엇인가

실수를 만회하게 도와주는 콤플렉스

13

스스로에게
가하는
채찍질

폴리크라테스 콤플렉스
Polykrates Complex

인간이란 걱정을 놓지 못하는 동물이다. 좋은 일만 계속되면 불안을 느낀다. 일이 어그러지는 것이 모두 내 탓인 것만 같다. 어쩌면, 내가 고통스러운 만큼 일이 더 잘될지도 모른다.

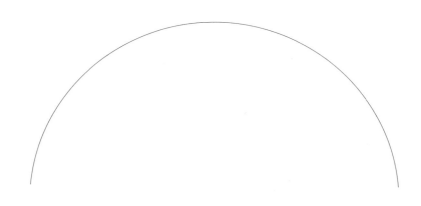

고통을 자처하는 폴리크라테스

그리스의 사모스섬은 피타고라스의 고향으로 유명하다. 작은 섬이지만 예로부터 유명한 그리스인들을 배출했다. 파르테논 신전보다 4배나 큰 헤라 신전이 건설되었을 정도로 건축과 예술이 크게 융성했던 곳이다. 이 섬의 번영을 이끌었던 인물이 바로 폴리크라테스이다. 고대의 역사가 헤로도토스는 폴리크라테스의 일생을 역사적 사실에 신화를 가미해 드라마틱하게 전하고 있다.

폴리크라테스는 기원전 530년경 사모스섬을 점령한다. 그의 통치 아래, 사모스는 그리스인과 이방인 모두를 위한 최초의 도시가 되었다. 섬 하나를 통치하고 가꾸는 데 만족할 수 없었던 그는 레스보스섬을 비롯한 인근의 여러 섬들을 공격하기 시작했고 모두 점령했다. 그의 해군력은 그리스 최강이었기에 마음만 먹으면 점령하지 못할 곳은 없어 보였다. 그러나 이 폭군에게도 끔찍한 운명이 기다리고 있었다.

당시 이집트 왕 아마시스는 폴리크라테스와 동맹을 맺고 값비싼 선물을 주고받으며 친분을 유지하고 있었다. 하지만 꺼림칙한 구석이 있었다. 자신의 친구가 너무 운이 좋다는 것이었다.

운이 좋은 게 뭐가 문제냐 할지 몰라도, 미신을 믿는 아마시스는 행운이 계속되면 머잖아 불행이 찾아올 것이라 철석같이 믿고 있었다. 게다가 성공적인 지도자 중 최후가 불행하지 않은 사람을 본 적이 없었다. 신은 인간이 어느 수준 이상으로 위대해지는 것을 원치 않는 법이다. 그래서 그는 벗을 위해 충심 어린 편지를 띄운다. 작은 불운을 감당함으로써 앞으로 올 큰 불행을 피하라고 충고하는 내용이다. 일종의 액막이를 제안한 것. 그는 폴리크라테스 스스로 귀하게 여기는 보물을 하나 골라서 다시는 볼 수 없게 버리라고 한다.

이 충고는 폭군 폴리크라테스에게 현명한 처사로 들렸다. 그는 자신이 가진 것들 중에 잃으면 가장 가슴 아플 만한 보물이 무엇인지 곰곰이 생각한 결과 자신의 인장이 새겨져 있는 황금 반지를 버리기로 결정한다. 인장으로 드러낼 수 있는 권위를 포기하겠다는 뜻이니, 제물로 바치기에 결코 가볍지 않은 보물이라 하겠다. 그는 그 보물을 다시는 찾을 수 없도록 50척의 선박을 이끌고 먼바다로 떠나서 모든 사람들이 보는 가운데 자신의 반지를 바다에 던진다.

운명은 쉽사리 바뀌지 않는 것인가. 며칠 뒤, 사모스의 어부가 매우 크고 아름다운 물고기를 잡았다며 왕에게 알현을 청했다. "제가 이 물고기를 잡았을 때 시장에 곧바로 팔고자 하지 않았습니다. 이와 같은 특별한 물고기는 오직 왕께서만 드실 자격이 있다고 생각되어 바치고자 하오니 부디 받아주시기 바랍니다."

폴리크라테스는 선물에 기뻐하며 어부를 저녁식사에 초대한다. 그런데 왕의 부엌에서 놀라운 일이 벌어진다. 요리사가 물고기의 배를 가르자 왕의 인장이 새겨진 반지가 나온 것이다. 요리사는 반지를 발견하고 기뻐하며 폴리크라테스에게 가져왔지만, 그는 기쁘지 않았다. 반지의 귀환에 신의 손이 개입되었음을 깨달았기 때문이다. 신들이 그의 희생을 거부했고, 그의 운명이 쉽게 바뀌지 않을 것이라는 예언처럼 느꼈던 것이다.

폴리크라테스는 이집트 왕 아마시스의 충고를 따라 신들의 질투를 달래고 다가올 파멸을 막기 위해 반지를 던졌다. 이처럼 때때로 인간은 스스로에게 처벌을 내리고 고통을 자초하곤 한다.

영국의 심리학자이자 정신분석가인 존 플뤼겔은 인간은 누구나 희미하게라도 초자아superego의 기준에 부합하기 위해 의식적으로 노력하는데, 그렇지 못할 경우 죄책감을 느낀다고 했다. 초

자아란 양심과 같은 것이라서 스스로 창피함이나 죄책감을 느끼게 하는, 인간 마음 깊숙한 곳에 위치한 부분이다. 이렇게 죄책감을 느끼면 사람은 '처벌에 대한 욕구'를 경험한다. 스스로에게 벌을 가하는 것이다. 그는 자신의 책 《인간, 도덕 그리고 사회Man, Morals, and Society》에서 이와 같은 현상을 '폴리크라테스 콤플렉스'라 정의했다. 처벌에 대한 욕구라니, 언뜻 보기엔 비정상적인 욕망처럼 들릴지도 모르겠다. 피학적masochism 성향이 떠오르기도 한다.

스스로도 어쩌지 못한 처벌에 대한 욕구

인간은 쾌락을 추구하는 동물이지만 한편으로는 고통을 추구하기도 한다. 처벌의 고통이 죄책감을 덜어주기 때문이다. 모든 일들이 너무 순조롭게 진행되고 운이 따르는 것은 더할 나위 없이 좋은 일이다. 그런데 인간이란 걱정을 놓지 못하는 동물인지, 좋은 일만 계속되면 호사다마라며 오히려 불안해한다.

플뤼겔은 이런 심리를 처벌에 대한 욕구가 충족되지 않았기 때문이라고 설명한다. 인간은 누구나 신 앞에서 비참한 죄인인데, 이를 인지하지 못하고 기고만장해질까 봐 두려운 것이다. 플뤼겔은 이처럼 역사에는 인간의 힘을 키우기 위해 노력하다 의심과 불신의 대상이 된 이들이 적지 않다는 것을 지적한다. 가장 극단적인 예가 순교 행위이다.

사람들은 앞서서 개척하는 이들을 가리켜 잘난 척한다고 비난하고, 인류를 높은 자리에 올려놓은 잘못으로 천벌을 받게 될 것이라 두려워한다. 그리고 이것은 앞서나가는 당사자 또한 느끼는 마음의 부담이다. 대의를 위해 기꺼이 목숨을 내놓는 순교행위에는 "내가 신 앞에서 자만하고 있는 것은 아닌가" 하는 두려움이 내재돼 있기도 하다. 비단 순교자뿐 아니라 우리는 모두 자만에 대한 막연한 두려움을 안고 있다. 그런 점에서 누구나 정신분석에서 말하는 폴리크라테스 콤플렉스를 가지고 있다고 할 수 있다.

문제는 이러한 처벌 욕구가 지나쳐서 비정상적으로 표출되는 경우에 생긴다. 사람들은 흔히 처벌 욕구를 좌절감에 빠지거나 스스로를 가혹하게 대하는 형태로 충족하려 한다. 이러한 고통이 사라지면 그것을 대체할 또 다른 방법을 모색한다.

홀로코스트 이후 수십 년이 지난 현재까지도 독일의 젊은 층은 죄책감과 집단적 책임감을 느끼기도 한다. 독일 작가이자 철학가인 베른하르트 슐링크는 독일인들은 독일인이라는 것에 큰 부담을 느낀다고까지 말했다.

한 사례로 마르크 알바노뮐러가 있다. 그는 슈벨름에서 유대인이 살았던 지역을 복원한 후 희생자 기념비와 박물관을 세워

추모를 했는데, 이는 조부모가 나치 정권에 동조하여 사업을 키워 큰 부자가 되었다는 것에 대한 부끄러움 때문이었다. 또 다른 예로, 전 서독 총리 빌리 브란트가 있다. 1970년, 빌리 브란트는 폴란드에 있는 유대인 위령탑 앞에 무릎을 꿇고 독일 민족을 대표해 나치의 유대인 학살에 대해 사죄했다. 그는 이를 두고 "비참한 과거사와 살해당한 수백만 명에 대한 가책으로 했던 일"이라고 말했다.

의미 있는 고통을 추구하다

앞선 두 인물이 느꼈던 부끄러움은 단순히 연대 의식 때문이었을까? 연대 의식만으로 개인이 한 지역을 복원하여 박물관을 세우고 한 나라의 총리가 타국의 위령비 앞에 무릎을 꿇는 것을 설명하기에는 다소 부족함이 있다. 초자아에 부합하지 못한 죄책감도 한몫했을 것이다.

메르시 초이스에 의하면 나치 점령 기간 동안 학살에 앞장서지 않고 중립적인 태도를 유지했던 사람들, 그리고 다음 세대를 살아가고 있는 2세들은 잘못이 없음에도 불구하고 집단적 죄책감을 느낀다고 한다. 한 예로, 1977년 독일에서 태어난 작가 노라 크루크가 있다. 그녀는《나는 독일인입니다》라는 책에서 독일인으로서 물려받은 정체성과 죄의식, 책임감을 드러냈다. 노라 크루크는 전후 2세대로, 홀로코스트 시대에 살지는 않았지만 "우리가 죄를 물려받았다거나 다른 세대가 저지른 행동의 결과에 대해 책임을 져야 한다는 개념은 익숙하게 느껴졌다"라고 말했다.

그녀는 뉴욕에 살면서 독일어 억양을 감추고자 애쓰고, 요가 수업을 받을 때마저 오른팔을 쭉 펴는 자세가 히틀러 경례가 생각나서 하지 못한다. 유대인과 결혼한 후에도 수치심은 좀처럼 사라지지 않았다고 한다. 노라의 큰아버지는 히틀러의 군인으로 죽었는데, 노라는 "삼촌은 히틀러의 군인이었기 때문에 나는 삼촌의 때 이른 죽음에 대해 슬픈 감정을 가져서는 안 된다는 것을 일찍이 감지하고 있었다"고 했다.

국가적 차원에서도 홀로코스트에 대한 끊임없는 추모가 여전히 지속되고 있다. 이만하면 됐다 싶을 텐데도 독일 전역에는 꾸준히 나치 정권 관련 기념물, 기념관, 추모시설, 자료관이 늘어나는 추세이다. 나치 시대 시설을 이용하던 러시아군이 사라지자 그 공간을 역사 장소로 바꾼 곳도 있을 정도이다. 베를린과 주변 브란덴부르크주에만 이런 장소가 20곳이 넘는다는 것이 이 흐름을 보여준다.

그렇다면 나치 학살로 피해를 입은 사람들은 어떨까? 소설가 엘리자베스 로즈너의 부모는 홀로코스트 생존자이다. 로즈너의 아버지는 살아남았다는 죄책감으로 평생 '생존자'라는 단어를 입에 올리지 않았다고 한다. 그런 부모님을 보고 자란 로즈너는 홀로코스트 생존자들을 찾아다니며 그들의 기억을 기록하기 시작했다. 그 기록은 2021년《생존자 카페》로 출판되어 전미 유대인 도서상 결선작으로 뽑혔다. 이러한 관심이 증명하듯, 독일인들은 홀로코스트라는 역사를 기억하고, 고통스럽지만 자기희생을 해서라도 자국의 잘못에 대한 처벌을 감내하려는 면모를 보인다.

프로이트는 어떤 환자들은 성공을 방해하는 외적 장애가 사라진 후에 오히려 신경증 증세를 보인다는 사실을 발견했다. 이는 신경증 환자들이 보이는 증세와 정반대 현상으로, 외부로부터 오는 고통이 처벌에 대한 욕구를 만족시키는데, 이것이 충족되지 않을 경우 폴리크라테스처럼 행동하며 스스로 고통을 유발하거나 신경증적 모습을 보인다는 것이다.

이런 증상이 심해지면 단순한 불안이나 두려움을 넘어 마비 증상이 동반될 수 있다. 무의식적으로 억압된 욕구나 정신적 트라우마가 마비 등 신체적 증상으로 나타나는 전환 히스테리 conversion hysteria이다.

또한 처벌과 만족이 공존하는 형태가 있다. 프로이트는 얼굴을 붉히는 것은 부끄러움을 나타낸다는 점에서 스스로에 대한 처벌인 반면, 한편으로는 다른 사람에게 관심을 받고자 하는 욕구가 충족되었다는 표현이기도 하다고 보았다.

한 점의 부끄러움으로 밝히는 세상

하늘과 바람과 별을 노래한 한국의 대표 시인, 윤동주. 그는 한 글로 문학활동을 하는 것은 목숨을 거는 것과도 같았던 문화 통치 시기에 〈서시〉〈십자가〉〈별 헤는 밤〉 등 수많은 작품을 우리 말로 쓴 저항 시인으로 유명하다. 유복한 가정의 장남으로 태어난 그는 일제 강점기에 일본 유학생활을 하는 자신에 대한 반성과 부끄러움을 시를 통해 끊임없이 표현했고, 입학을 위해 개명을 한 처참한 심경을 〈참회록〉으로 작성하기도 했다.

"하늘을 우러러 한 점 부끄럼이 없기를" 바랐던 윤동주는 일본 유학을 접고 한국으로 귀국하기로 결심했지만 독립운동을 했다는 죄목(치안유지법 위반)으로 체포되어 1944년, 징역 2년을 선고받고 후쿠오카형무소에 투옥된다. 독립을 고대하는 마음으로 정체 모를 주사를 맞으며 옥살이를 버텼지만 광복을 6개월 앞둔 1945년 2월, 결국 만 27세라는 젊은 나이로 별이 되었다.

짧은 생이었지만 "나에게 주어진 길을 걸어가야겠다"를 몸소 실천한 윤동주는 1990년 광복절에 건국훈장 독립장을 받았고 1999년에는 일제와 조선총독부에 대한 비판, 자아성찰이 담긴 시들로 '20세기를 빛낸 한국의 예술인'으로 선정되었으며 현재까지 한국인이 가장 사랑하는 시인으로 꼽힌다.

한편, 2010년까지 윤동주가 '저항 시인'으로 규정되는 것이 바람직한가에 대한 논쟁은 이어져왔다. 이러한 논란이 끊이지 않았던 것은 그의 시에 독립에 대한 염원은 나타나지만 이는 짐작일 뿐, 윤동주는 무장투쟁을 하지 않고 문인으로서 독립을 외칠 수밖에 없었던 죄책감과 부끄러움을 작품으로만 표현했기 때문이었다.

하지만 2010년 공개된 윤동주의 재판 판결문에서 당시 "조선 민족의 실력과 민족성을 향상해 독립을 가능하게 한다"는 윤동주 시인의 절규는 그의 소극적인 태도에 대한 평가를 뒤집었고 엄연한 독립운동가로 인정받을 수 있게 되었다.

죽음 앞에서도 독립을 외쳤던 윤동주였음에도 불구하고 여전히 한국 문학에서 그는 '부끄러움'의 대명사이다. 윤동주는 모든 불완전한 존재들이 자신의 불완전함을 슬퍼하는 참회의 방식이 바로 '부끄러움'이라고 생각했기 때문이다.

많은 문인들이 절필을 하거나 친일파로 변절했던 당시 시대상을 고려했을 때 '부끄러움'이라는 윤동주 시인의 태도는 지나치게 양심적인 폴리크라테스 콤플렉스로 의심해볼 수 있다. 하지만 이러한 윤동주 시인의 태도 덕분에 한국의 대표 시인으로 자리매김할 수 있었던 것은 아닐까.

지나친 자책은 병

자신의 행운에 만족하고 자만하는 것은 자신의 성취에 심취하여 더 나아가지 않고 정지되어 있는 것이다. 반면 처벌에 따르는 고통은 괴롭지만 필연적으로 고통으로부터 벗어나기 위한 도전과 변화를 시도하게 마련이다. 그런 면에서 폴리크라테스 콤플렉스는 자만하지 말고 더 나은 모습으로 나아가려고 하는 인간 본연의 모습을 보여주는 것인지도 모른다.

폴리크라테스는 스스로 고통을 감내하려 했지만 그의 삶은 노력만큼 잘 풀리지 못했다. 이집트의 왕 아마시스는 폴리크라테스의 반지가 돌아왔다는 소식을 듣고 어떻게 해도 불행한 결말을 피할 수 없으리라는 것을 예감하고는 사모스에 전령을 보내 동맹이 깨졌음을 선언한다. 이 사건을 시작으로 폴리크라테스의 불행이 잇따랐다. 페르시아는 폴리크라테스에게 미끼를 던져 그의 야망을 역이용해서 결국 그는 전쟁에서 패하고 페르시아군에 붙잡혀 처참하게 처형당한다.

그렇게나 조심하려 했으나 궁지에 몰리자 경계심이 풀어지고 어떻게든 기회를 붙잡으려 하다가 실수를 하게 된 것이다. 이처럼 폴리크라테스의 비참한 최후는 끝없는 자만의 함정에 빠지지 말고 언제 어디서든 경계하라는 신독愼獨(홀로있을 때 어그러짐을 삼감)의 지혜를 주기도 한다.

단, 여기에는 균형감각이 중요하다. 스스로에게 지나치게 엄격해 매사 자책만 해서는 발전할 수 없다. "나는 잘할 수 있어" "나는 괜찮은 사람이야"라는 건강한 착각이라도 하지 않으면 어떻게 험한 세상을 헤쳐나가고 어려운 과제를 해결해갈 수 있겠는가. 지나치게 자책하고 스스로를 처벌하고 고통을 주다간 열등감에 사로잡히게 된다. 아무것도 제대로 못하는 자신을 탓하기만 하고 부정적인 자아상을 가지게 된다. 심하게는 무기력감이나 우울감에 빠질 수 있다.

반대로 죄책감이나 수치심을 다른 행위로 보상받으려 하기도 한다. 예를 들어 살짝 부정행위를 하고 나면 뭔가 그 보상으로 착한 일을 해야 할 것 같다. 잘못을 저지르고 이로 인한 죄책감으로 더 선한 행위를 하기도 한다. 거짓말을 하고서 미안한 마음에 더 잘 대해주거나, 다른 사람을 비방하고서는 당사자 앞에서는 더 아부하기도 한다. 심지어 범죄를 저지르면서 기부를 하고 봉사활동을 하는 경우도 있다.

처벌의 기제가 작동해서 잘못을 만회할 기회를 스스로에게 주면서 잠시나마 고통에서 벗어나려는 몸부림이기도 하다. 이렇게라도 자신의 잘못을 느끼기라도 하는 것이 다행이다 싶기도 하지만 이를 반복하면 문제이다. 죄책감 없이 더욱더 나쁜 행위, 법법행위까지 하기 쉬워진다.

이렇게 인간은 스스로에게 보상과 처벌을 주면서 자신 내부에

형평성을 유지하려 하는 것이다. 이러한 본성을 잘 다스리는 게 중요할 것이다. 너무 자만하지도, 너무 자책하지도, 잘못된 방향으로의 보상으로 균형을 맞추려 하지도 말아야 한다.

플뤼겔은 사람을 대하면서 가장 힘든 것 중 하나는 기뻐하지 못하는 사람을 섬기는 것이라 했다. 세상에 아름다운 것들이 이렇게나 많은데, 정작 우리는 그런 것들을 보지 못한다. 운명의 거대한 분노를 두려워하며 자신을 희생하는 어리석음은 저지르지 말자.

14

추락을 알고도
상승하는
자아도취

이카로스 콤플렉스
Icarus Complex

나는 특별하다, 그런 나를 깔보는 사람들을 나는 견딜 수 없다. 나를 과시하기 위해서라도 더 높이 올라가야 한다. 오로지 오르는 것만이 목표이다.

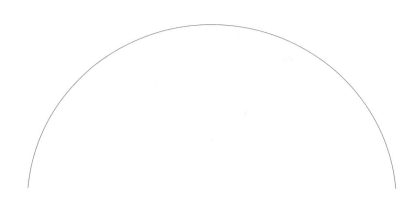

카이사르, 너마저?

"브루투스, 너마저?" 이 단말마의 외침에는 짙은 배신감이 묻어 난다. 셰익스피어가 극적인 효과를 거두기 위해 자신의 작품에 넣었다는 이 말은, 로마의 카이사르가 심복 브루투스에게 외친 것으로 유명하다. 카이사르는 어떤 삶을 살았기에 이처럼 통한 의 죽음을 맞아야 했을까?

기원전 100년, 율리우스 카이사르는 로마의 귀족 가문에서 태 어나 일찍이 아버지를 여의고 어머니 손에서 자랐다. 성인이 된 카이사르는 전쟁을 승리로 이끌면서 출세 가도를 달린다. 원로 원이 카이사르가 집정관에 오르는 것을 번번이 방해하자, 그는 크라수스 폼페이우스와 연합해 삼두정치 시대를 열어 마침내 집정관이 되었다. 대대적인 개혁 조치로 민중의 지지는 더욱 높아지고, 갈리아 지역을 정복해나가면서 입지를 굳힌 그는 자신의 군대를 더 키워서 마침내 로마 정권의 핵심 자리를 꿰차게 된다. 그는 갈리아에서 전쟁을 하는 동안에도 로마 내에서 자신의 추종자를 심어놓는 등 지위를 안정적으로 유지하기 위해서 갖은 노력을 했다.

이집트에서 정적 폼페이우스를 제거하고 클레오파트라와 손잡은 그는 화려하게 귀국해 국가의 아버지로 추앙받게 된다. 그는 의원들이 자신의 독재에 불만을 품고 있다는 사실을 알고 있음에도 의원 회의에 참석한다. 그가 회의장에 들어서자 의원들은 손에 칼을 쥐고 카이사르를 둘러싼 채 무차별하게 찌른다. 이 암살에는 브루투스를 비롯해 60여 명의 귀족들이 가담했다. 측근들조차 그의 일인 권력에 불만과 시기를 느꼈던 것이다. 그의 죽음 이후로 로마의 공화주의는 무너진다.

영어의 시저Caesar, 독일어의 카이저Kaiser, 러시아어의 차르Czar 모두 '황제'를 뜻하는 말이다. 그 어원은 바로 카이사르이다. 비록 황제의 자리에 오르지는 않았지만 황제 못지않은 절대권력을 거머쥐었던 카이사르는, 주변 사람들의 배신과 처참한 죽음을 출세의 대가로 치러야 했다. 끝없는 열망은 그를 더 높은 위치로 이끌었지만 결국 파멸로 이어졌다. 이카로스처럼 말이다.

얼마나 높이 올라야 만족할까

기원전 8세기경 로마 최고의 시인인 오비디우스가 쓴 〈변신 이야기〉는 총 15권으로 되어 있는 서사시로, 그리스 신화에 관한 이야기 250여 편을 담고 있다. 뛰어난 발명가이자 건축가인 다이달로스와 그의 아들 이카로스의 이야기는 이 서사시의 제8권에 기록되어 있다.

다이달로스는 자신보다 뛰어났던 조카 페르딕스를 질투하여 살인한 죄로 아테네에서 추방당한 몸이었다. 그는 아들 이카로스와 함께 미노스왕이 통치하던 크레타로 간다. 이 섬에는 황소 머리에 사람의 몸을 하고 인간을 잡아먹는 포악한 괴물 미노타우로스가 있었다. 미노스왕은 미노타우로스를 가둘 심산으로 다이달로스에게 아무도 빠져나가지 못할 만큼 복잡한 미궁을 건축하라고 명령했다.

다이달로스가 설계하고 건축한 미궁은 너무 복잡하여 설계자인 다이달로스조차 탈출하는 방법을 알지 못할 정도였다. 미노타우로스가 미궁에 갇혀 지내던 그때, 미노스왕의 아들 안드로게오스 왕자는 아테네에서 4년마다 열리는 범아테네 경기 및 종교행사에 참여하게 된다. 이 경기에서 아들이 불의의 사고로 죽자 분노한 미노스왕은 이 행사의 개최국이자 크레타섬의 속국인 아테네의 왕 아이게우스에게 아들의 죽음에 따른 재앙을 막으려면 매년 남녀 7명씩을 크레타에 바치라고 요구한다.

참극이 3년째 계속되자 보다 못한 아테네의 왕자 테세우스가 희생양을 자처했다. 적진에 가서 미노타우로스를 죽이겠다는 것이다. 테세우스는 크레타에 도착하고, 열혈청춘이 대개 그렇듯 크레타의 아리아드네 공주와 사랑에 빠진다. 아리아드네는 사랑하는 테세우스를 위해 다이달로스에게 미궁을 빠져나갈 방법을 물어보았고, 그는 공주에게 실을 이용해 미궁에서 왔던 길을 돌아갈 수 있다고 말해준다. 다이달로스의 도움을 받은 테세우스는 마침내 미노타우로스를 죽이고 미궁을 빠져나와 아테네 사람들을 구하고 아리아드네와 함께 크레타를 떠난다.

미노스왕은 다이달로스가 자신을 배신했다고 생각하고 분노해 그와 그의 아들 이카로스를 미궁 속에 가둔다. 그는 새의 깃털을 모아 실로 묶고 밀랍으로 이어 붙여 날개를 만들어 탈출하는 데 성공한다. 다이달로스는 아들에게 나는 법을 가르치며 비행할 때 적당한 높이를 유지하라고 경고한다. 너무 낮게 날면 날개가 바다에 닿아 물에 젖고, 너무 높게 날면 날개가 태양의 열기에 녹을 테니 항상 자신의 근처에 머물라고 신신당부한다.

이카로스는 처음에는 아버지의 말대로 적절한 높이를 유지했으나 날개를 달고 하늘을 날아보니 너무 좋았다! 난생처음 경험하는 자유와 쾌감에 정신이 팔려 이카로스는 아버지의 경고를 잊고 만다. 그는 계속해서 더 높은 곳으로 올라가다가 태양 가까이 가게 되었고, 날개가 태양의 열기에 녹아버리자 추락해 죽음을 맞는다. 상승에 대한 열망이 결국 추락이라는 패망을 가져온 것이다.

자아도취의 끝판왕, 이카로스

'이카로스 콤플렉스'는 1955년 하버드대학교 심리학자 헨리 머리가 처음으로 정의했다. 자신이 추락할 가능성이 있다는 것을 알면서도 다른 사람들에게 무한한 사랑과 관심을 받으며 사회적으로 올라가기만을 바라는 심리이다. 머리는 이카로스 콤플렉스가 어린 시절 부모의 양육에서 충분한 만족감을 느끼지 못했을 때 생길 가능성이 있다고 보았다. 구강기의 본능적인 욕구가 채워지지 않으면 깨어진 자아가 형성되고, 이를 회복하기 위한 노력으로 흥분과 도전을 열망하게 된다는 것이다.

흔히 내면의 열망은 현실에서 해야 할 것들과 충돌하기도 한다. 나르시시즘의 주된 성향은 실제 자신의 야망과 외부에서 강요하는 모습이나 목표 사이의 부조화라고 볼 수 있다고 했다. 이 부조화 때문에 불만스러워하고 현실을 지루해하며 이루고 싶은 것이 사라지는 허무함을 느낀다.

이런 감정에 사로잡히면 스스로를 만족시킬 만한 것들을 지속적으로 추구하게 된다. 주목을 받고 다른 사람에게 힘을 보일 수 있는 권력이나 지위, 또는 쾌락을 지치지 않고 좇는 사람은 궁극적으로 이런 불만족과 지루함에 시달리고 있다고 볼 수 있다. 미국의 사회학자 케니스턴은 청소년기 후기에 증가하는 지루함과 허무함에 대처하기 위해 어른이 되기 전에 이카로스처럼 성장하며 올라갔다가 추락하는 경향이 있다고 보았다.

여기에서 우리가 주목해야 할 단어가 있다. '지루함'이다. 쾌락, 권력, 성취하고자 하는 열망은 궁극적으로 지루함에서 온다. 정신과 의사 앨런 아이스니츠는 지루함은 만족할 가능성을 접해보지 못했을 때 생겨난다고 했다. 만족을 못 느끼는 것을 넘어 "앞으로도 만족스러울 일은 없을 거야"라는 체념이 지루함을 낳는다는 말이다. 심리학자 제임스 밀러 교수는 많은 사람들이 실제 만족을 느낄 수 있는 기회가 있음에도 지루함을 느끼곤 한다고 주장했다.

이런 흐름에서 지루함은 우울증과 연결된다. 이카로스 콤플렉스의 정서적 요소로 우울증을 빼놓을 수 없는데, 정신과 의사 마이클 스페버는 이카로스와 다이달로스 이야기를 열광, 우울증, 조울증의 역학으로 풀어낸 바 있다. 그리스 신화에서 이카로스 콤플렉스는 '열광'을 상징한다. 그는 높이 날아오르는 새와 같고 나르시시즘 성향이 있어서 주위의 애정을 간절히 원한다. 불과 태양 이미지, 해변, 수영 등 물과 관련된 것을 매우 좋아한다고도 했다.

반면 다이달로스 콤플렉스 성향은 늪, 작은 동굴 같이 지하에 있는 장소를 좋아한다. 발명과 건축, 디자인에 타고난 재능이 있으며 미로, 나선, 고리 같은 정교한 체계를 좋아한다. 이들은 우울한 편이며 우월해지고 싶은 마음에 쉽게 질투에 사로잡히곤 한다. 스페버는 이 두 콤플렉스를 번갈아 겪는다면 조울증으로 볼 수 있다고 했다.

머리 교수는 이카로스 콤플렉스를 명명하면서 주목받고 싶어 하는 나르시시즘을 대표적인 성향으로 꼽았다. 여기서 말하는 나르시시즘은 무한한 관심과 애정을 독차지하고 싶은 열망, 영원히 죽지 않는 불사에 대한 열망을 뜻한다.

자아도취 성향의 사람들은 자신이 특별하다고 생각하며 누군가 자신을 얕보는 것을 못 견딘다. 때로는 인간관계에 소극적인 스타일 때문에 자기애 성향이 가려지기도 하지만, 실상 이들은 기본적으로 스스로를 과장되게 바라본다. 그래서 손상되거나 위축된 자아정체감에 힘을 주기 위해 흥분과 도전을 갈망하는 경우가 많다. 자기애를 만족시키기 위해 이성을 함부로 대하는 경향도 있다.

이들은 떨어질 가능성이 보이더라도 기꺼이 올라가고 싶은 욕구를 갖는다. '올라가고 싶은 욕구'에는 신체적 상승, 사회적 상승, 영적 상승이 있다. 신체적 상승은 아이가 바로 서고, 도움 없이 걷고 싶어 하는 등의 의지를 가리킨다. 또한 산, 나무, 키 큰 사람처럼 높은 곳이나 사물에도 애정을 가진다. 사회적 상승은 확연히 높은 사회적 지위를 성취하고 싶은 열망으로 설명할 수 있다. 영적 상승은 직관적이고 선지적인 혜안을 가지고 싶어 하는 열망이라 할 것이다.

이른 나이에 성공을 거둔 똑똑한 사람들 중에는 행복이나 만족감을 느끼지 못해 힘들어하는 이들이 많다. 이들은 가끔 방출되는 에너지로 큰 업적을 이루곤 하며, 실제로 압박을 받으며 일하고 공부할 때 가장 결과가 좋다.

그러나 이러한 순간은 잠깐이며, 그 후 곧 지루함에 빠지고 목표는 더 이상 흥미를 끌지 못한다. 이들은 스스로 삶의 활력을 찾지 못하고 자신에게 자극을 줄 사람들을 끊임없이 찾고 바꾸느라 진실한 관계를 유지하기 힘들다. 우울의 한복판에서 흥분을 찾아 떠도는 청춘의 모습을 떠올려보라.

나의 강점이 나의 몰락의 원인

이런 성향을 가장 극적으로 보여주는 것은 아무래도 할리우드 스타들일 것이다. 〈E.T.〉의 깜찍한 아역으로 깊은 인상을 남긴 드류 베리모어는 증조부때부터 대대로 배우를 배출한 집안에서 태어났다. 돌이 되기도 전에 광고 모델로 데뷔해 아역 스타로 발돋움했다. 하지만 술과 약물에 찌들어 있었던 아버지의 영향으로 그녀는 초등학생 때부터 술을 마시고 대마초를 피우고 코카인을 하면서 할리우드를 충격에 몰아넣었다.

그녀는 모든 사람들이 자신을 사랑스럽다고 하기에 더 사랑받고 인정받고 싶은 마음에 더 파격적인 행동을 했다고 고백했다. 자기 또래와는 다른 삶을 살았던 그녀는 나이 많은 친구들과 어울리며, 일상적인 놀이에 지루함을 느낄 때마다 더 신나는 것을 찾곤 했다고 한다. 어린 시절의 성공 이후 더 사랑받고 즐기고자 하는 열망에 휘둘리던 그녀는 이내 추락해 불안정하고 반항적인 소녀로 낙인찍히고 말았다.

그러나 그녀는 꾸준히 치료를 받으면서 자신의 문제를 인식하기 시작했다. 다양한 영화의 조연으로 출연하며 연기자의 입지를 다시 굳히고 자신만의 프로덕션을 창립해 커리어의 전환점을 맞았다. 그녀는 프로듀서로 많은 영화를 감독했고 직접 영화에 출연했으며 모델로도 왕성한 활동을 이어갔다. 이제 그녀는 더 이상 대책 없는 반항아가 아니다. 2007년 〈피플〉지가 선정한 '가장 아름다운 100인'에 이름을 올렸다. 타락을 자초하는 자아도취적 열망을 극복함으로써 다시 사랑받는 아름다운 여인이 되었다.

미국의 정신과 의사 제롬 바인베르거와 심리학자 제임스 뮐러에 의하면 이카로스 콤플렉스를 가진 사람은 성공을 향한 끝없는 열망과 에너지를 통해 큰 업적을 이루고, 스트레스 상황에서 도리어 뛰어난 집중력과 수행 능력을 보이기도 한다.

그러나 이렇게 에너지를 집중하여 성공하는 순간은 잠깐이며, 그 이후에 지루함을 느끼고 행복이나 만족감을 느끼지 못하게 된다. 그래서 또 다른 도전을 시작하고, 이런 일이 반복되다 보면 지나치게 위험한 도전으로 조직 전체를 내모는 폐단도 생긴다. 다임러크라이슬러사의 전 회장, 위르겐 슈렘프의 사례를 보자.

1998년 위르겐 슈렘프는 다임러-벤츠와 크라이슬러를 합병함으로써 세계 자동차 시장에서 선두주자가 되려는 야망을 품었다. 회사 임원진의 우려와 반대에도 아랑곳하지 않고 그는 유럽과 미국 내 이득이 배가될 것이라고 주장하며 합병을 강행했다. 하지만 그의 낙관은 현실적이지 않았다. 1990년대 중반 크라이슬러는 파산 직전까지 갈 정도로 경영이 악화됐고 자동차 성능에서도 좋은 평가를 얻지 못했다. 두 회사가 합병한 지 1년 만에 주가는 반 토막이 났고, 2004년에 미쓰비시와의 합병도 성사됐지만 상황은 나아지지 않았다. 경영 능력을 의심받아온 슈렘프는 결국 2005년에 회장직에서 물러나야 했다. 리더 개인의 지나친 야망과 무모한 모험이 조직과 투자자 모두에게 손해를 끼친 것이다.

드류 베리모어나 슈렘프의 이야기에는 이카로스 콤플렉스의 가장 중요한 역설이 숨어 있다. 자신의 가장 큰 강점이 자신을 몰락으로 이끌었다는 사실이다. 성공을 거둔 개인과 집단은 그만큼 실패 확률도 높다. 바닷물을 들이켜고 나면 갈증이 뒤따르듯이 일시적 성공과 만족 뒤에 더 큰 갈망과 결핍에 시달리는 것은 인간이기에 겪을 수밖에 없는 한계일지도 모른다.

진정으로 성공하고 싶은가? 더 추구하고 싶은가? 더 욕심내고 싶은가? 물론 에너지를 집중해서 목표를 향해 나아가고 성공하는 것은 중요하다. 그러나 올라가는 것 그 자체가 목적인 것은 아닌지, 하나를 이루면 그다음, 또 그다음을 욕심내고 있는 것은 아닌지, 내가 무얼 추구하는지를 반문해봐야 할 것이다.

너무 낮게 날아서 날개가 젖어버리지 않게, 또 너무 높게 날아서 밀랍 날개가 녹아버리지 않게 그 높이를 조절하라는 아버지 다이달로스의 현명한 충고는 비단 이카로스에게만 적용되는 것은 아닐 것이다.

15

성장으로부터의 도피

요나 콤플렉스
Jonah Complex

노력해서 승진한들 뭐가 바뀔까. 높이 올라가면 높은 데서 떨어지게 마련이다. 만년 대리로 만년 부장으로, 여기서 쭉 가늘고 길게 가고 싶다. 누군가는 그걸 두고 현실에 안주한다고는 하지만 나는 현실에서 버티는 중이니까.

지금 이 자리가 너무나 좋아

'피터의 원리Peter principle'라고 들어보았는가? 사람은 무능해질 때까지 승진한다는 시니컬한 이론이다. 사회학자 로런스 피터는 계급사회의 무능을 피터의 원리로 꼬집었다.

사람과 조직이 어떻게 무능해지는지 한번 보자. 일단 유능한 사람은 승진한다. 승진하면 일은 당연히 더 어려워지고, 그 일을 잘 수행하는 사람과 그렇지 못한 사람으로 구분될 것이다. 물론 무거워진 책임을 잘 감당한 사람은 능력을 인정받아 한 단계 더 위로 승진한다. 승진할수록 일은 더욱더 어려워지고, 성과를 내지 못해 승진에서 탈락하는 지경에 이른다. 유능하던 내가 무능해진 것이다.

조직이야 무능한 사람을 퇴출하면 그만이지만 한번 무능해진 개인은 화려했던 과거로 돌아가기가 좀처럼 쉽지 않다. 그래서 사람들은 고민한다, 적당히 인정받으며 오래갈 수 있는 길을. 그런 이들에게 로런스 피터는 기막힌 처방을 내린다. 바로 '창조적 무능력'을 발휘하라는 것.

자신이 실력을 발휘할 만큼 승진했다고 판단되면 더 승진하기를 포기하고 그 자리에 머물러 있으라는 것이다. 일을 너무 잘하면 조직에서 승진 발령을 낼 테니 창조적으로, 다른 말로 '일부러' 적당히 무능하게 보이라고 말한다. 일부러 무능해 보이는 것, 가능할까 모르겠다. 그 정도로 능력이 탁월했으면 좋겠다는 생각도 든다.

일본에서 '하류'라는 단어가 등장했다. 배움과 노동으로부터 도피하는 현상을 뜻한다. 일본 사회에서 더 좋아질 기회를 포기하고 안주하거나 내려가는 선택을 하는 사람들이 많아졌다. 우치다 타츠루가 일본 사회를 분석하고 쓴《하류지향》에서 말하길, "큰 성공을 추구하기보다 현재 주어진 것에만 만족하며 적당히 사는 삶을 지향"하는 것이 '하류지향'의 특징이다.

1980년대 후반, 일본의 거품 경제가 붕괴한 이후 등장한 사토리 세대가 있다. '사토리'는 '득도'를 뜻한다. 욕망이 없다는 것이다. 다시 말해, 여가를 즐기지 않고 일에 나서지 않으려 하고 명품에 관심도 욕망도 없는 일본의 젊은 세대를 말한다. 이러한 사토리 세대가 일본에 출현한 계기를 분석해보니 젊은이들이 각박한 사회에 적응하기 위한 몸부림이었다. "어차피 아무리 노력해도 안 되니까"라는 생각에 포기하는 것이다. 이들은 더 나은 미래를 기대하지 않을 뿐 아니라 일말의 가능성조차 무시해버린다. 이는 욕심이 없기 때문이 아니라 자포자기의 한 형태라고 볼 수 있다.

성장으로부터 도망치는 요나

개인의 노력이 가시적인 성과로 이어지지 않는 사회에서 젊은 세대들은 무기력을 경험한다. 이러한 사회에서 불안함과 실망감을 줄이기 위해 자신의 욕망과 바람 자체를 포기하는 방식을 택한 것이라고 해석할 수 있다.

일본뿐 아니라 한국에서도 이러한 적응 방식을 택하는 세대를 찾아볼 수 있다. 연애, 결혼, 출산 3가지를 포기한 '삼포세대'라는 신조어가 등장했다. 한창 연인을 만나고 배우자를 찾는 시기인 20~30대 청년들이 이성과의 만남을 포기하는 것이다.

삼포세대는 연애하는 것을 꺼리고 결혼과 출산을 하지 않으려고 한다. 삼포세대라는 용어가 등장한 2011년은 취업난과 물가 상승으로 많은 청년이 사회적·경제적으로 압박을 느끼는 때였다. 불안정한 일자리의 벌이로는 고공행진하는 집값과 생활비를 감당할 수 없기에 이성을 탐색하고 만날 여유가 없다고 느낀 것이다. 주택과 일자리를 추가해 5가지를 포기하는 오포세대, 외모와 신체를 포함한 7가지를 포기한 칠포세대도 등장했다. 모든 욕망을 포기한 세대를 뜻하는 N포세대까지도 나왔다. 이러한 신조어들은 미래를 기대하기 어려운 청년들의 불안정한 사회적 위치를 나타낸다.

이와 비슷한 용어가 또 있다. 'Not in Education, Employment or Training'의 앞 글자를 딴 '니트NEET족'은 직업 훈련도 받지 않는 사람들을 뜻하는 말로, 백수를 넘어 아예 취업 의지를 잃어버린 사람을 일컫는다. 니트, 즉 유후 청년층이라는 개념은 영국에서 1999년에 아무 일도 안 하는 16~18세 청년에 대한 대책을 마련하기 위해 처음 사용했고, 이후 유럽과 일본 등으로 퍼졌다.

현재 니트족은 아무것도 안 하는 15~29세 청년층을 지칭하는 용어로 쓰이며 한국에서는 15~34세까지로 확장된다. 이들은 직업이 없고, 육아나 가사를 하지 않고, 취업 훈련 기관이나 정규 교육기관을 다니지 않고, 독신 상태이다. 한국고용정보원에서 2013년 분석한 보고서에 의하면 니트족의 대부분은 취업 실패를 겪었거나 사회 진출 후 비정규직 등 불안정한 고용에 스트레스를 겪었거나 열악한 노동 조건 또는 강도 높은 노동에 지쳐 있었다. 위로 올라가려면 혹독한 대가를 치러야 하거나 노력해도 더 올라갈 수 없을 것 같은 사회 속에서 욕구를 포기하고 상승의 가능성을 열어주는 교육과 각종 기회마저 포기하는 세대가 된 것이다.

코로나19 팬데믹을 계기로 이러한 경향성을 지닌 사람들은 더욱 크게 늘어서 점점 더 심각한 사회경제적 문제로까지 이어지고 있다. 더 좋아질 기회를 포기하고 현재에 안주하거나 하향하려는 20~30대 청년들에게서 '요나 콤플렉스'를 찾아볼 수 있다.

심리학자 매슬로는 인간이라면 누구나 자기실현을 위해 스스로를 발전시키고 잠재력을 더 끌어내려는 욕구를 가진다고 말했다. 그런 관점에서 보자면 창조적 무능력을 발휘하는 것은 인간의 본성에 반하는 이상한 현상이다.

그런데 실제로 요즘에는 남보다 일찍 임원이 되어서 남보다 일찍 밀려나느니 '만년 과장'으로 가늘고 길게 가는 걸 직장생활의 지혜라 내세우는 사람들이 늘어나고 있다. 주변에서 보기에 분명히 더 잘할 수 있는데도 "나는 이것밖에 못해"라며 현실에 안주하는 사람들도 적지 않다. 겸손이라 하기엔 지나치고, 오히려 성장을 두려워하는 느낌이랄까.

매슬로는 왜 많은 사람들이 눈앞에 좋은 기회를 두고도 최대한의 잠재력을 실현하지 못하는지 밝히려고 애썼다. 그는 자아실현 욕구는 몇몇 치명적인 장애물만 없으면 지속적으로 추진된다고 보았다. 즉 심각한 질병에 시달리지 않고, 생리적 욕구나 안전함에 대한 욕구, 사랑받고 존중받으려는 욕구가 충족된 상태에서 자기 능력을 충분히 사용할 수 있다면 자아실현을 위한 노력은 결코 중단되지 않는다는 것이다.

여기에 한 가지 덧붙여야 할 장애물이 바로 요나 콤플렉스이다. 자신의 성장시킬 기회로부터 도망치는 현상이다. 요나는 구약성서 중 〈요나서〉에 등장하는 이스라엘의 선지자로, 바다 속에 던져져 물고기 배 속에서 3일간 지내다가 기적적으로 살아 나온 이야기의 주인공이다.

하나님은 요나에게 니느웨 이교도들을 회개시키라고 명한다. 그러나 요나는 하나님의 소명을 성공시키지 못할 경우 그들이 이스라엘을 공격할 것이 두려워 니느웨가 아닌 다른 곳으로 가는 배를 타고 도망친다. 하나님이 폭풍우를 일으켜 요나가 탄 배가 난파될 위기에 처한다. 이교도인 선원들은 이러한 불행이 왜 일어났는지 원인을 찾다가 결국 요나를 지목하게 된다. 선원들은 어떻게 하면 바다가 잠잠해지겠느냐고 요나에게 물었고, 요나는 자신을 바다로 던지라고 한다.

선원들이 요나를 던지자 바다는 곧 잠잠해졌고, 이를 계기로 선원들은 이스라엘의 신 하나님을 믿게 된다. 하나님의 명령을 받은 큰 물고기는 요나를 삼키고, 3일 밤낮을 물고기 배 속에서 지낸 요나는 하나님께서 자신의 생명을 구원해주셨다는 것을 깨닫고 회개한다.

하나님이 요나에게 내린 소명은 뜻깊은 일이었다. 하지만 요나가 그 소명을 이루려면 적국의 국경을 넘어야 하고 최악의 경우 조국이 위험에 처할 수도 있었다. 뒤따라올지 모르는 부정적인 결과가 두려워 도망간 것이다.

이처럼 자신이 할 수 있음에도 안전지대에서 벗어나 가능성을 실현하기 두려워하는 것이 바로 요나 콤플렉스이다. 인디애나대학교 심리학과의 넬슨 고드 교수는 요나 콤플렉스를 "자신의 근본적인 가치와 능력을 실현할 수 있는 기회로부터 후퇴하는 것"이라 정의했다. 마치 요나가 자신의 운명으로부터 헛되이 도망치려 했던 것처럼 많은 이들이 자신에게 주어진 명백한 소명이나 운명, 임무를 회피하고자 한다.

또한 인간에게는 개인의 잠재력을 실현하고자 하는 성장 충동 growth impulse과 변화를 거부하는 힘인 안전 충동safety impulse이 동시에 존재한다. 요나 콤플렉스는 성장 기회를 추구하다가 부정적인 결과가 나올 수도 있다는 염려에서 기인한 안전 선택으로 볼 수 있다.

〈뉴욕타임스〉 등에 과학 분야 칼럼니스트로 활동했던 모턴 헌트는 1993년, 자신의 사례로 요나 콤플렉스를 설명한 바 있다. 그는 소설가가 되고 싶어 했으며, 마흔 살이 되기 전까지 책을 내지 못하면 영원히 쓰지 못할 것이라고 생각했다. 그러던 중 기회가 왔다. 그가 37세 때, 출판사로부터 책을 내자는 제안이 온 것이다. 그는 몇 달 동안 고생해서 작품의 개요와 샘플 챕터를 써서 보냈고 출판사에서도 이를 승인했다. 하지만 막상 출간이 결정되자 헌트는 갑자기 책을 낸다는 것이 두려워지면서 감당 못할 짓을 벌였다는 생각이 들었다고 했다. 그가 쓰려고 한 것은 고대 그리스부터 현대까지의 사랑의 역사라는 방대한 주제를 담은 책이었는데, 수천 년의 이야기를 자신이 조사한다는 것이 불가능해 보였기 때문이다.

그의 사례는 요나 콤플렉스의 흔한 패턴을 보여준다. 처음에는 일생일대의 꿈을 즐겁고 열정적으로 추구한다. 이때는 모든 고난들이 어렵지 않아 보이고 낭만적인 모험처럼 느껴진다. 그러나 막상 꿈을 실현하기 위해 실행해야 할 단계가 되면 멀게만 느껴졌던 두려움이 위협적으로 다가오고 나도 모르게 뒷걸음질하게 된다.

실패도, 성공도 두렵다

인간은 왜 성장할 수 있는 기회에서 도망치는 것일까? 원인은 크게 2가지로 나눌 수 있다. 실패에 대한 두려움, 그리고 성공에 대한 두려움이 그것이다.

우선 실패에 대한 두려움을 살펴보자. 임상심리학자 클랜스는 '가면 현상the imposter phenomenon'이라고 하는 실패에 대한 두려움 증후군을 소개했다. 어떤 고급 인재들은 자신이 실은 가짜이고, 사람들이 생각하는 만큼 뛰어나지 않다고 생각한다. 그들의 능력이라고 불리는 것은 사실 노력, 매력, 운 또는 주변 상황에 의해 만들어진 것이기 때문에, 자신의 부풀려진 능력을 감추기 위해 엄청난 에너지를 쏟아야 한다.

가면 현상에 시달리는 사람은 지나치게 스스로를 의심하며, 이전의 성과를 반복할 능력이 없다고 걱정한다. 주어진 일에 밤낮없이 매진하며 최고가 되어야 한다고 스스로를 몰아붙인다. 그러면서도 일을 망칠까 봐 두렵다는 말을 입에 달고 다니고, 잘한다는 칭찬은 귀담아듣지 않는다.

이런 감정은 '상한선 발견에 대한 두려움'과도 일맥상통한다. 가끔 사람들은 자기 능력의 상한선을 맞닥뜨리게 될까 봐 두려워한다. 애초의 기대보다 자기 능력의 상한선이 터무니없이 낮다는 것을 깨달았을 때의 당혹감을 상상해보라. 이런 실망감을 회피하기 위해 사람들은 자신의 상한선을 발견하지 않으려는 방향으로 안전한 선택을 하게 된다.

피터의 원리에서 말한 창조적 무능함도 이런 범주에서 해석할 수 있고 특히 '영재'라고 불렸던 사람들에게서 두드러지게 나타난다. 영재들의 특징은 그들이 스스로 뭔가를 이루기 전에 세상에서 먼저 그들의 능력을 알아본다는 것이다. 사람들이 "타고난 재능이 있다"고 칭찬하고 기대를 품는데, 막상 자신이 진심을 다해 노력했을 때 기대 이하의 결과가 나오면 실패자로 낙인찍히기 십상이다. 그래서 이들은 자신의 잠재력을 극한까지 시험하지 않은 채 영원히 '내일의 인재'인 영재의 틀에만 머물려고 한다. 그러면서 "내가 마음만 먹으면 얼마든지 시험에 통과하고 더 좋은 직장을 구할 수 있었다"고 스스로를 위로하면서 평생을 산다.

'완벽주의의 압제'도 원인이 된다. 완벽주의자들의 사전에 실패란 없다. 그들은 언제나 격상된 기준에 맞춰 수행해야 하고, 그렇지 않으면 실패라는 가장 두려운 결과와 직면하게 된다. 그래서 이들은 실패 확률이 없는 안전한 일에만 열중하게 되는데, 알다시피 성장할 수 있는 기회란 대개 수많은 실패의 위험을 내포하게 마련이다.

또 하나, '영웅적 기대'에 얼어버리는 경우도 있다. 《그리스인 조르바》로 유명한 소설가 카잔차키스는 모든 그리스인들은 고대 그리스인처럼 자신의 운명에 주어진 임무를 찾고, 조상들처럼 가치 있는 삶을 살아야 한다는 일종의 의무감 속에 지낸다고 했다. 영웅이 되는 것이 인생의 과업이라고 생각해보라. 그 무게감에 눌려 옴쭉달싹 못 하게 된다.

실패에 대한 두려움만큼이나 사람들에게 영향을 미치는 것이 바로 성공에 대한 두려움이다. 우리는 최악 못지않게 최고를 두려

위한다. 조지 버나드 쇼는 일찍이 이렇게 말했다. "인생에는 2가지 비극이 있다. 하나는 당신이 마음으로 열망하는 것을 얻지 못하는 것이고, 다른 하나는 그것을 얻는 것이다." 이 유명한 격언은 성공에 대한 두려움을 잘 나타내준다. 성공에 뒤따를 수 있는 부정적인 결과에 대한 두려움 말이다. 더 많은 정보를 알고 자신의 재능을 깨달은 만큼 더 큰 위험과 책임을 감수해야 하는 것, 그 결과 남들로부터 분리되는 것을 두려워한다. 이런 감정을 매슬로는 '아는 것에 대한 두려움the fear of knowing'이라 표현했다.

같은 맥락에서 탁월함에 대한 양가감정 때문에 요나 콤플렉스가 작동하는 경우도 있다. 능력이 뛰어난 사람들은 주변으로부터 존경을 받기도 하지만 위협적 존재로 경계의 대상이 되기도 한다. 이처럼 본인의 탁월함으로 인한 부정적인 결과를 예측하다 보면 성장 대신 안전을 선택하기 쉽다.

성공에 대한 두려움을 조금 에로틱하게 풀어보면 '절정의 경험'과 연결해볼 수 있다. 왜 절정의 경험은 대개 일시적인 것일까? 우리가 그 경험을 감당할 만큼 강하지 못하기 때문이다. 황홀경에 빠진 사람들은 종종 "죽을 것 같아"라고 말하는데, 실제로 미칠 듯이 기쁜 행복감은, 성적 오르가슴이 그렇듯, 오래 지속될 수 없다.

절정이라는 단어 안에 이미 포함된 것처럼, 점진적인 과정 끝에 순간적인 절정이 있고, 그 후에는 결코 '황홀하지 않은 고요함nonecstatic serenity'에 그 자리를 내주어야 한다. 이 고요함은 더 잔잔한 행복이고 보다 높은 가치를 음미하는 인식의 본질적인 기쁨일 것이다. 요나 콤플렉스는 어찌 보면 절정의 경험에 의해 갈기갈기 찢기는 것, 통제를 상실하는 것, 산산이 분해되는 것, 죽을 수도 있다는 것에 대한 당연한 두려움이기도 하다. 강한 감정은 실제로 우리를 압도하지 않던가.

요나 콤플렉스는 일시적인 정점 이후 나락만 있을 것이 두려워 아예 올라가지 않으려 하는 심리, 아니 아주 천천히 가고 싶은 심리이다.

도달한 이후 고민해도 늦지 않다

"두려워할 만큼 대단한 재능이 있어봤으면 좋겠다." 이렇게 생각하면서 툴툴거릴지도 모르겠다. 그러나 요나 콤플렉스는 몇몇 천재들의 전유물이 아니다. 누구나 지금보다 더 대단해질 수 있다. 누구나 사용하지 않은 잠재력과 제대로 개발되지 않은 재능을 가지고 있다. 그런데도 많은 이들이 요나가 운명으로부터 헛되이 도망치려 했던 것처럼 자신의 가능성을 회피한다.

당신이 원하던 전공이 있는데도 부모가 권하는 대로 고분고분 진학했는가? 잘할 수 있는 사업이 있는데도 입맛만 다시며 안전한 월급쟁이로 살고 있는가? 대의를 위해 헌신하고 싶은 열망을 마음 한구석에 밀어두고 소시민의 삶에 안주하고 있는가? 그렇다면 당신도 요나 콤플렉스의 희생양이다.

뭔가 바뀌는 것이 싫고, 괜한 시도를 했다가 더 큰 낭패를 보는 것은 아닌지, 그다음에 뒤따를 후회를 감당하지 못할 거 같아 그냥 이대로 안주해버린다. 실패를 감당하지 못하는 심리이다. 성공을 두려워하고 있는 것이다. 성공 뒤에 요구되는 것을 해낼 실력이 없다는 생각에 그냥 지금의 상태를 묵묵히 유지하려 하는 것이다.

승진도 싫고 이대로 길게 직장생활을 유지하는 게 더 마음 편하다는 생각이 지배적이다. 그러나 한편으로 내게 있는 잠재력을 내가 모르는 것, 그것을 발휘도 못하고 이 생을 마감하는 것은 너무 아깝지 않은가.

더 높은 목표에 도달한 후 그걸 감당할 실력이 내게 없다는 생각은 사실 도달한 후 해도 된다. 거기에 도달했을 때 나는 더 이상의 지금의 내가 아니기 때문이다. 그간에 나는 달라졌고 그만큼 실력이 쌓여 있을 것이다. 지금과 다른 내 모습일 텐데 미리 상상하고 겁먹고 있는 것은 아닌가. 우리 삶을 실제로 변화시키는 것은 거창한 결심이 아니라 작은 실행과 행동이다.

요나 콤플렉스는 극복할 수 있다. 그 사례 중 하나가 바로 영국의 TV 프로그램 〈브리튼즈 갓 탤런트〉를 통해 유명해진 유튜

브 스타, 수전 보일이다. 그녀는 학습장애가 있었고 어린 시절에 가족의 죽음을 경험하는 등 어려움을 겪었지만 계속해서 노래를 했으며, 오디션을 보고 데모 테이프를 보내는 등 노력을 기울였다. 하지만 가장 가까웠던 어머니마저 돌아가시자 그녀는 더 이상 노래하지 않고 자신의 재능을 외면했다.

문제의 오디션에 참가한 것은 노래를 끊은 지 무려 2년이 지나서였다. 보컬 교사의 권유에 못 이겨 오디션에 참가한 그녀는 어머니에게 보내는 마지막 헌사로 생각하며 부른 노래로 전 세계를 놀라게 했고, 마침내 수십 년간 묻어두었던 자신의 재능을 발견하게 된다. 운명으로부터 도망치려는 요나 콤플렉스를 극복하고 진정한 자신의 길을 찾은 것이다.

우리는 성공을 열망한다. 자신의 능력이나 잠재력을 실현하고자 한다. 그러나 마음 한구석에서는 때때로 성공에 대한 두려움이 치민다. 광장으로 나가야 할 때 괜히 거기에 가서 위축되는 것은 아닐까 걱정하고 지레 열등감에 사로잡히기도 한다.

그러나 비록 내 능력이 생각만큼 뛰어나지 않다는 사실을 깨닫더라도, 시도하고 실행하고 도전하는 것만으로도 자신을 한 단계 더 높이게 된다. 때론 실패하더라도 계속 시도하고 도전하는 것이 가치가 있다. 그러니 내 안에 숨어 있는 요나 콤플렉스를 극복하고 두려워 말고 나아가자.

16

다수를
따를 때 느끼는
편안함

폴로니어스 콤플렉스
Polonius Complex

대답은 꼬박꼬박 잘할 자신이 있다. 하지만 내 의견을 내는 것은 두렵다. 다들 그렇게 생각한다는데 굳이 내 생각까지 필요한 걸까? 다수가 하자는 대로 따르는 게 뭐가 문제란 말인가!

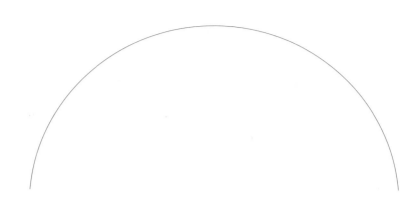

포용 혹은 우유부단함

"함부로 입을 놀리지 말고 엉뚱한 생각을 행동으로 옮기지 말라. 친절하되 결코 천박해지면 안 된다. (…) 귀는 모두에게, 입은 소수에게만 열고 모든 의견을 받아들이되 판단은 보류하라." 프랑스로 떠나는 아들에게 폴로니어스가 하는 충고이다. 폴로니어스는 덴마크 왕실의 고문이자 햄릿의 연인 오필리아의 아버지이다. 셰익스피어의 비극 〈햄릿〉에서 복수에 눈이 먼 햄릿에 의해 억울하게 죽음을 맞는 인물로 그려진다.

그는 왕의 정치고문으로 고귀한 혈통이었지만 사람됨은 그리 진중하지 못했던 듯하다. 작품에서 그는 허풍쟁이인 데다 진부한 격언이나 늘어놓고 남들이 하는 말을 줏대 없이 따르는 '예스맨'으로 나온다. 햄릿이 구름을 보며 낙타 같다고 하자 기다렸다는 듯이 자기가 보기에도 그렇다("Yes, and 'tis a camel indeed!")고 대답한다. 자신의 주관 없이 남의 이야기를 그대로 쫓아가는 부류에 해당한다.

알프레트 아들러는 폴로니어스의 캐릭터에서 착안해 '폴로니어스 콤플렉스'라는 개념을 정립했다. 〈햄릿〉의 폴로니어스처럼 어떤 현상에 대해 주관적 의견 없이 피상적이고 무의미한 응답을 하는 경우이다.

우리 주위에도 대답은 잘하지만 실상 어떤 의견도 내놓지 않고 상대방의 말을 따르기만 하는 이들이 있지 않은가? 그들이 바로 현실의 폴로니어스이다. 좀 더 편하게 살고 싶다는 욕망이 비상식적 행동을 합리화할 때가 있다. 이런 현상을 개인심리학 individual psychology에서 폴로니어스 콤플렉스라 부른다.

우리나라에서는 황희 정승 이야기에서도 이를 볼 수 있다. 두 하인이 다투고서는 한 사람이 자기 사정을 하소연하자 황희는 "네 말이 옳다"고 했다. 그런데 다른 하인이 자기 입장을 말하자 그는 "네 말도 옳다"고 대답했다. 이 광경을 본 부인이 두 사람이 서로 반대되는 이야기를 하는데 둘 다 옳다고 하면 어떻게 하냐고 묻자, 그는 "부인 말도 옳소"라고 대답했다고 한다. 그의 일화는 모든 대립을 포용하는 것으로 해석되곤 하지만 우유부단하다는 의심을 지울 수 없다. 자신의 주관을 드러내지 않는 것이 능사는 아니며, 때로는 위험할 수도 있다.

무조건 남의 의견을 따르는 폴로니어스 콤플렉스는 때로 잘못된 결정으로 이어질 위험이 있다. 특히 과학적 판단이나 주요한 결정을 할 때 누군가의 주장에 무조건 따라가다 보면 엉뚱한 결론을 내릴 수 있다. 뭔가 이상한 것 같지만 그걸 굳이 지적하면서 괜한 시선을 받지 말고 그냥 묻혀서 가는 게 편하다는 심리이다.

그래서 폴로니어스 콤플렉스가 가장 흔히 그리고 가장 단적으로 드러날 때는 군중심리가 만들어지는 순간이다. 사람은 누구나 사회적 영향을 받으며 산다. 타인이 하는 말이나 행동의 영향을 받고 규범을 따른다. 또한 우리에게는 모두 사회적 승인에 대한 욕구, 즉 다른 사람에게 인정받고, 사랑받고, 존경받고자 하는 욕구가 있다. 이 때문에 자신의 주관을 섣불리 내세우기보다 다른 이의 행동에 순응하는게 더 낫다고 여기는 때가 있다.

타인의 취향을 따르는 폴로니어스

루브르박물관의 관람객들은 수많은 명작들이 즐비한 곳에서 왜 〈모나리자〉 앞에만 그렇게 길게 줄을 서는가? 이에 대해 프린스턴대학교 사회학과 매슈 셀가닉 교수는 "사람들은 개인의 취향에 따라 결정을 내린다고 생각하지만, 사실상 우리의 취향은 사회적 영향력에 의해 결정된다"고 말했다. 다른 사람들이 전부 그 앞에 모여 있고 그 작품을 좋다고 생각하기 때문에 그에 편승하여 자신 또한 그 지지자가 되는 것이다. 취향이라는 것이 나의 독특한 취향이 아니라 남들이 다 가진 취향을 그대로 따르는 것인지 모른다.

나아가서 샐가닉은 왜 어떤 음악은 차트의 상위권을 차지하는 반면 다른 곡들은 주목받지 못하는지에 관심을 가지고 이를 알아보기 위한 실험을 했다. 그들은 음악을 다운로드할 수 있는 웹사이트를 만들고 수천 명의 피험자들을 두 그룹으로 나누었다. 한 그룹은 단순히 자신이 좋아하는 음악을 내려받도록 했다. 그리고 다른 그룹에도 다운로드하도록 했는데, 이들에겐 각 음악별로 몇 번이나 다운받았는지 알 수 있도록 했다.

그러자 재미있는 일이 일어났다. 두 번째 그룹은 첫 번째 그룹에서 이미 내려받은 곡들, 즉 다운로드 횟수에서 상위에 랭크된 곡들을 계속 선택했던 것이다. 샐가닉은 이런 경향은 자연스러운 인간의 속성이며, 군중을 따르는 것이 어느 정도 이득을 주기 때문인 것으로 설명했다.

마트에서 몇 종류의 잼을 시식하게 한 후 판매율을 알아보는 실험을 했다. 잼 종류가 6가지인 경우와 24가지인 경우를 비교하였다. 그 결과 6종을 맛보게 했을 때 훨씬 판매율이 높았다.

언뜻 생각하기에는 종류가 많을수록 각자의 취향에 맞는 것을 고르기 때문에 판매가 잘될 것 같다. 하지만 실제로는 종류가 많으면 결정을 못하고 구입하지 않는 것이다. 어느 것을 선택할지에 대한 고민이 결국 스트레스와 피로감을 가져온 것이다.

너무나 많은 선택지가 있을 때 우리의 고통은 더 커질 수 있다. 그래서 '결정장애'라는 신조어가 생기기도 했다. 그런 상황이 되면 다른 사람들이 좋다고 하는 것, 댓글이 많은 것, 많이 구입하는 것을 그냥 따르는 편이 가장 속 편하다는 생각이 든다.

문제는 사회적 영향력에 너무 민감할 때이다. 어떤 이들은 자기 주관이라곤 없이 남이 말하는 대로 따라가는 '팔랑귀'가 되고 자기 의견을 말하는 것을 두려워하기도 한다. 무조건적으로 타인을 따라가다 보면 내 의견을 표현하는 것이 두려울 뿐만 아니라 내가 말할 때 타인들이 나를 주시하는 것조차 두려워진다. 사회불안장애social phobia/social anxiety disorder를 가질 수 있다.

다른 사람들에게 판단의 대상이 되거나 창피당하는 것을 극도로 두려워하게 되어 새로운 사람을 만나거나 사람들 앞에서 말을 길게 해야 하는 상황에서 불편감과 불안감, 그리고 창피함까지 느끼게 된다. 사회불안장애를 가진 이들은 전반적인 사회생활에서 이런 증상을 겪으며 다른 사람들 앞에서 지극히 평범한 일을 하는 것조차 힘들어한다.

마트에서 계산하거나 사람들 앞에서 먹고 마시는 것, 심지어 공중화장실을 이용하는 것도 두려워한다면 일상생활이 가능하겠느냐 말이다. 약속이 잡히면 며칠, 몇 주 전부터 지레 걱정하고 막상 그날이 되면 다른 핑계를 대어 나가지 않는 경우도 있다. 사람들 앞에 서면 얼굴이 붉어지고 식은땀이 나고 떨린다. 사람들과 함께 있는 것이 불편해 속이 울렁거리기도 하고, 아예 사람들이 많이 모일 것 같은 장소에는 가지도 않는다. 이런 이들은 친구를 사귀고 관계를 유지하는 데 어려움을 겪는다.

폴로니어스 콤플렉스가 심해지면 대인관계에서 어려움을 겪는 것에 그치지 않고 잘못된 행동을 할 위험도 커진다. 설령 집단의 결정이 옳지 않거나 마음에 들지 않아도 반대를 외치지 못하고 울며 겨자 먹기 식으로 따라가기 때문이다. 판단 없이 무조건 따르게 되는 동조현상이 심해지면 맹목적인 복종이 일어날 수 있다.

맹목적인 복종의 위험

심리학계에서 가장 유명한 연구 중 하나인 스탠리 밀그램의 복종 실험은 맹목적인 복종의 위험성을 적나라하게 보여준다.

밀그램은 아돌프 아이히만의 전범재판을 보면서 '복종'의 메커니즘에 주목했다. 아이히만은 2차 세계대전 당시 히틀러의 명령에 따라 600만 명의 유대인을 학살한 자이다. 그는 재판 내내 "상부의 명령에 충실했다"는 말만 되풀이했다. 나라에 필요 없는 존재들은 다 사라져야 한다는 히틀러의 말을 곧이곧대로 받아들여 자발적으로 학살을 감행한 것이다. 재판관도 그가 비정상적인 성격을 가진 자가 아니라 지극히 충실하고 성실한 사람이었다고 밝혔다.

아이히만의 재판 이후 사람들이 권위에 복종하는 것에 관심을 가지게 된 밀그램은 1963년 복종 실험을 고안했다. 사람들이 권위에 대한 복종과 개인적 양심 사이의 갈등을 어떻게 처리하는지를 볼 수 있는 실험이다.

그는 기억학습에 관한 연구에 참여할 사람들을 모집했다. 피험자들에게는 '학습자'를 감독하는 '교사'의 역할이 주어졌다. 이들에게 처벌이 학습에 미치는 영향에 대한 실험을 진행할 것이라고 설명한다. 학습자는 옆방으로 이동해 전기충격 장치를 부착하고, 교사는 학습자가 틀린 답을 말할 때마다 단추를 눌러 전기충격을 주는 것이다. 여기에는 약간의 설정이 있다. 학습자는 피험자인 척하는 실험 동조자이고 전기충격도 가짜이다. 이 사실을 모르는 교사 피험자들은 단추를 누를 때마다 학습자가 고통받는다고 생각한다.

교사가 처벌 단추를 누를 때마다 학습자가 비명을 지른다. 전압이 일정 수준에 이르면 급기야 학습자는 벽을 두드리며 고통을 호소하지만 실험자는 교사에게 실험을 계속하라고 부추긴다.

실험은 계속되고 어느 순간부터는 비명도 벽을 두드리는 소리도 들리지 않는다. 대부분의 교사 피험자들은 이 시점에서 학습자가 괜찮은지 확인해보자고 말한다. 그러나 실험자는 계속하라고 지시한다. 실험자가 연달아 단추를 누르라고 재촉해도 교사가 응하지 않으면 최종적인 거부로 보고 실험은 종료된다. 그렇지 않으면 실험은 속행되어 처벌의 강도는 계속해서 올라가고, 학습자에게 최대 자극인 450볼트가 3회 가해진 다음 실험을 종료한다.

우리의 궁금증은 단 하나, 몇 명의 교사 피험자가 450볼트 단추를 눌렀는가 하는 것이다. 첫 번째 실험에서는 피험자의 65퍼센트가 눌렀다. 물론 많은 이들이 자신의 행위에 우려를 표했고 처벌을 주저했다. 그러나 실험이 잔인하다는 생각과 달리 어쨌든 상당수는 버튼을 눌렀다. 비명과 벽 두드리는 소리를 들었고 학습자의 심장이 좋지 않다는 정보를 알고 있음에도, 첫 실험의 피험자 중 300볼트 전에 실험을 중단한 사람은 한 명도 없었다.

상대가 괴로워하니 더 이상 못 하겠다, 비윤리적이라고 반발하는 사람이 비교적 적은 것은 인간의 따라야 할 것 같아서 따르는 성향 때문이다. 밀그램의 실험은 다수의 선한 사람들도 권위의 요구에 굴복해 끔찍한 행동을 무감각하게 자행할 수 있다는 '평범한 악'의 가능성을 보여주었다. 아이히만이 지극히 정상적이고 윗사람에게 복종하는 성실한 사람이었듯이 말이다.

밀그램의 동기였던 짐바르도의 감옥 실험도 이와 유사한 경고를 준다. 실험팀은 스탠퍼드대학교 심리학과 건물에서 모의 감옥을 만들고, 24명의 남학생들에게 수감자 또는 교도관 역할을 하도록 했다. 신체적 폭력은 금지되었지만 수감자들에 대한 통제권은 전적으로 교도관들에게 주어졌다. 교도관들은 실험이 시작된 지 몇 시간 만에 수감자들을 괴롭히기 시작했다. 수감자들이 무력하게 순응할수록 교도관들은 더욱 공격적이고 잔인하게 변했다. 이틀 만에 죄수들은 진짜 죄수들처럼 이상 증세를 보이고 폭동을 일으켰으며, 교도관들은 그들을 폭력적으로 진압했다. 짐바르도는 당초 8일간 실험을 진행하려 했으나 6일 만에 중단하고 말았다.

짐바르도는 실험결과를 분석하며, 사람들은 자신의 행동을 선택하는 데 어떤 힘이 작용하고 있는지 잘 모른다고 말했다. 그 힘은 '사회적 승인에 대한 욕구'이다. 다른 사람에게 인정받고 사랑받고 존경받고자 하는 욕구가 어찌나 큰지, 낯선 사람들이 잘못된 행동을 하면서 올바르다고 주장하면 기꺼이 따르곤 한다.

스탠퍼드대학교 감옥 실험에서도 집단에 동조하도록 만드는 모종의 압력이 교도관들에게 작용했을 것이다. 실험기간 동안 교도관들은 가장 거친 동료를 따라 하곤 했다. 착한 교도관들은 이런 상황을 고통스러워했지만 항의하지 않고 침묵으로 일관했다. 이처럼 교도관들은 집단의 기준에 순응하며 수감자들에게 비인간적 대우를 하게 된 것이다.

밀그램과 짐바르도의 실험은 자신의 주관과 도덕적 가치관에 반反하여 행동하는 것이 얼마나 쉬운지를 보여준다. 같은 맥락에서, 집단의 압력을 거슬러 자신의 주관대로 말하고 행동하는 것이 얼마나 중요한지도 일깨워준다. 또한 자기 주장self-assertiveness 능력은 자존감과도 연관돼 있다.

다수의 압박에 맞서는 힘

자기 주장이 강하다는 것은 어떤 주제에서든 자신의 입장이 뚜렷하다는 뜻이다. 자기 말이 먹히지 않으면 못 견디는 독불장군을 연상하기 쉽겠지만, 행동 면에서 볼 때 자기주장이 강하다는 것은 다른 사람들을 존중하면서도 자신이 원하는 것을 이야기할 수 있는 것을 뜻한다. 이들은 자신의 관점이나 목표를 옹호하는 것을 부끄러워하지 않으며 사람들에게 영향을 미치는 것도 두려워하지 않는다. 또한 다른 의견에 대해 공격적이거나 소극적으로 반응하지 않고 스트레스 상황에서 불안한 생각을 하지 않는다.

결론적으로 이들은 자신의 권리를 공격적이지 않은 방법으로 주장할 수 있고, 다른 이들이 무리한 요구를 할 때 당당하게 이야기할 수 있으며, 다른 이들에게 제안이나 부탁을 할 수 있는 능력을 뜻한다.

학창 시절의 학교폭력을 성인이 되어 다시 문제 삼는 경우들이 점차 늘고 있다. 어릴 때는 자신이 괴롭힘당한다는 것도 알리지 못하고 당했다가 성인이 되어서도 그 고통이 잊히지 않아 폭로하게 된다. 괴롭힘을 당하는 아이들에게는 한 가지 공통적인 취약점이 발견된다. 스스로의 권리를 옹호하지 못한다는 것이다. 아무리 혼자 힘으로 막아내려 해도 주변 사람들이 모두 가해자 편에 서버리기에 이겨내지 못하는 경우이다. 이 때문에 계속 누군가의 표적이 되어 고통을 당하곤 한다.

외국과 달리 우리나라의 경우 학교폭력은 개인의 행동이 아닌 집단적으로 행해진다. 그렇다면 집단 속에서 양심의 가책을 느끼는 학생이 과연 없을까? 분명 옳지 않은 일이 일어나고 있다는 것을 느끼는 학생들이 많았을 것이다. 하지만 아무도 나서지 않는 상황에서 혼자 목소리를 냈다가는 보복이 가해질까 두렵다. 자신 역시 따돌림을 받을까 무서워서 모른 척하고 "당할 만한 이유가 있겠지"라며 자기합리화를 하는 것이다. 우리라는 집단응집력이 생기고 우리는 옳고 피해자에게 문제가 있다는 식의 합리화가 일어난다.

이렇게 청소년기는 특히 폴로니어스 콤플렉스에 취약한 시기이다. 이 시기에는 또래집단에 소속되는 것이 더 중요하다. 또래 동조성에 민감하게 반응하여 다수의 압박을 훨씬 더 크게 느끼기 때문이다. 즉 다른 사람의 말이나 태도가 옳고 그름의 판단 기준이 되기 쉽다. 이러한 특징 때문에 청소년들은 자신의 양심보다 타인의 시선을 우선시하며 다수의 결정을 따라 움직이는 경향을 보인다.

2011년 경기도 양주시에서 남자 고등학생 7명이 개 9마리를 잔인하게 도살한 범행으로 기소된 사건이 있었다. 개 연쇄 도살 사건으로 7명 중 2명은 구속되어 징역형을 선고받았다. 이들은 '고교생 도살단'이라고 불리며, 개들을 날카로운 도구로 찌르거나 화상을 입히거나 발로 밟아 참혹하게 도살했다. 심지어 다른 학생들을 억지로 끌고 가서 도살하는 과정을 강제로 보게 했다고 목격자들이 진술했다. 고교생 도살단의 리더 학생은 개를 많이 죽였다는 것을 자랑스럽게 말하고 다녔다고 했다.

남학생 7명이 단체로 범행을 저지를 때 분명 양심에 찔렸던 학생이 있었을 것이다. 그러나 다수의 잔인한 범죄 행위를 부정하거나 반박하기는 어려웠을 것이다. 실제로 고교생 도살단의 동물 학대를 직접 목격한 학생들도 많았고, 리더의 자랑을 들은 학생들도 많았다. 경찰 수사를 받는 과정에서 고교생 도살단 중 일부 학생은 자백을 했다.

만약 더 일찍 자백하거나 "안 돼"라고 외칠 수 있었다면 어땠을까. 단 한 명이라도 자신의 양심에 따라 옳지 않은 행동이라고 자기 주장을 했었더라면 연쇄적인 도살 범행으로 이어지지는 않았을 것이다. 연쇄 도살을 지속할 동안 그 누구도 반박하지 않았던 이 사건은 학생들의 폴로니어스 콤플렉스를 보여준다.

나의 주장을 표현하는 법

폴로니어스 콤플렉스가 의심되는 경우라면 자신의 주관과 의견을 표현하는 법을 배워야 한다. 특히 공격적이지 않은 방법으로 자신의 의견을 이야기하고 제안하는 자기 주장 능력을 길러야 한다.

아주 정중하게 거절하는 소통 방법, 웃으면서 상대를 제압할 수 있는 논리력 등이 우리에게 필요하다. 친절하게 질문하고 긍정적인 제안을 할 수 있도록 해야 한다. 미팅 때 발언권을 안 준다고 따지기보다는 "다음 미팅 때는 제가 처음으로 말을 해도 될까요?"라고 자신의 존재를 알리는 것이다. 그리고 잘되고 있는 부분에 대해서는 지지하고 긍정적인 말을 해주는 것도 필요하다. 자신의 의견이나 제안이 받아들여지지 않는다고 해서 바로 기가 죽어 수그러들거나 화를 내지 않도록 해야 한다. 부드럽게 마무리하고 다른 대안을 생각하고 제시하도록 해야 한다.

나라는 존재를 조용히 알려나가는 것이 중요하다. 이렇게 해서 '작은 성공 체험'을 반복하는 것이다. 어떤 것에서든 성공해봄으로써 자신의 효능성을 경험하면 자신감이 생겨날 수 있다. 이처럼 훈련하면 자존감이 함께 향상되는 것으로 나타났다. 나 스스로를 '괜찮은 사람'이라고 느끼게 되고 그 힘으로 다시 세상에 목소리를 낼 수 있게 된다.

자기 주장이 강하다는 것은 어떤 주제든지 자신의 입장이 뚜렷하다는 것을 의미한다. 인지적으로, 스트레스 상황에서 불안한 생각을 하지 않는다는 것이다. 행동적으로, 다른 사람들을 존중하면서도 자신이 원하는 것을 이야기할 수 있는 것이다.

남과 다른 생각이 각광받는 창의성의 시대이지만, 한편으로 우리는 여전히 겸손하고 침묵하면서 나서지 않는 것을 미덕이라 여기는 문화 속에 살고 있다. "모난 돌이 정 맞는다"가 아직은 우리 사회에 통용되는 상식이 아닌가 싶어 씁쓸해질 때가 있다. 한 명 한 명 살펴보면 이보다 더 예쁘고 소중할 수 없는 학생들이 똑같은 표정으로 똑같은 단어를 외우며 똑같은 직장을 꿈꾸는 현실을 볼 때마다 마음이 짠하다.

수학자이자 철학자, 철저한 무신론자였던 버트런드 러셀의 좌우명은 아이러니하게도 성서의 한 구절이었다고 한다. 〈출애굽기〉의 "다수를 따라 악을 행하지 말지니라"가 그것이었다. 그는 이 가르침을 어린 시절 할머니에게서 받았다고 했다. 평생을 자유주의자로서 자신의 신념을 밝히고 행동하는 데 주저하지 않았던 그를 만든 한 문장 아니었을까.

자신의 주관을 표현하는 것은 기본적인 삶의 기술이다. 똑같은 스펙과 가치관으로 무장하지 말고, 자신의 진짜 목소리에 귀 기울이고 자신의 진짜 모습을 보여줄 용기를 내보는 것은 어떻겠는가.

17

불편한 진실을
외면하는
마음

카산드라 콤플렉스
Cassandra Complex

하늘에서 무언가 떨어져서 내 머리에 맞지는 않을까, 내가 탄 버스에서 사고라도
난다면? 하지만 나한테는 이런 일이 일어날 리가 없다. 나쁜 결과 따위는 떠올리
고 싶지도, 알고 싶지도 않다.

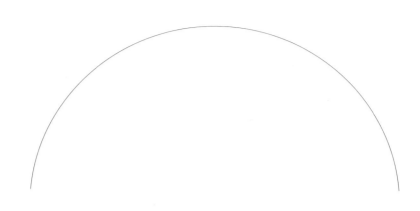

카산드라가 불편한 진실을 밝혔을 때

2000년에 개봉되어 시리즈로 제작된 영화 〈데스티네이션〉의 등장인물들은 예지력을 가지고 있다. 각 편마다 주인공이 바뀌긴 하지만 1편의 알렉스, 2편의 킴벌리, 3편의 웬디, 4편의 샘은 불길한 일이 벌어질 것에 대한 예지몽과 같은 환상을 보고 나서 위험을 감지한다.

그들은 친구들에게 그 위험에 대해 계속 알려주지만 친구들은 전혀 듣지 않는다. 심지어 예언을 하고 있는 주인공을 피하기까지 한다. 그러면서 계속 일어나는 사고로 공포에 떨게 되고 결국 그 누구도 죽음의 운명을 피하지 못한다.

• 카산드라 콤플렉스 •

이 영화의 역설은 예지력으로 죽음을 막으려 하지만 그 자체가 운명을 거스르는 헛된 시도라는 데 있다. 즉 예지력은 그저 죽음을 '알고 당하는' 정도의 의미밖에 없다. 심지어 죽음을 피하라고 말해줘도 사람들이 믿지 않는다.

온갖 이야기의 원형原型이 담긴 그리스 신화에도 이와 유사한 비극이 전해진다. 트로이의 왕녀, 카산드라 이야기이다. 신화에 따르면 카산드라는 놀라울 정도로 아름다운 데다 미래를 볼 수 있는 능력이 있었다고 한다.

어린 시절 그녀는 쌍둥이 남매 헬레노스와 함께 태양의 신인 아폴론의 신전에서 하룻밤을 자게 된다. 부모가 다음 날 그들을 찾으러 왔을 때, 여러 마리 뱀들이 아이들을 휘감고 귀를 혀로 핥고 있었다고 한다. 이 일 이후 카산드라와 헬레노스는 미래를 볼 수 있는 힘을 가지게 되었다. 그러나 그녀의 능력은 저주받은 것이었다. 카산드라에게 구애했다가 거부당한 아폴론이 모욕을 느껴 그녀의 능력에 저주를 내리게 된다. 그녀가 정확한 예언을 해도 어느 누구도 믿지 않게 된 것이다.

트로이 전쟁이 시작되고 나서 카산드라는 멸망을 계속 경고하지만 사람들이 믿어주기는커녕 도리어 군대의 사기를 떨어뜨린다는 비난만 듣고 미친 사람 취급당할 뿐이었다. 카산드라가 트로이의 목마에 사람이 숨어 있을 것이라고 그 유명한 예언을 했을 때 저주는 절정에 이른다. 결국 그리스 군사들은 트로이를 점

령하고, 카산드라는 붙잡혀서 그리스 연합군의 통치자인 아가멤
논의 전리품 신세가 된다.

카산드라의 이야기는 트로이 전쟁의 여인들에 관한 가장 가슴
아픈 이야기 중 하나이다. 카산드라는 예언할 수 있는 신성한 능
력을 얻었고 그 능력으로 트로이 사람들을 보호할 수 있었으나
아무도 자신의 말을 무겁게 듣지 않았으니 얼마나 절망했을까.
조국이 위험에 처한 것을 보면서 카산드라는 거의 미칠 지경이
었을지도 모른다.

그녀의 비극은 불행한 진실을 알고 그것을 밝히려고 한 것에
서 비롯되었다. 이 신화에서 유래한 것이 바로 '카산드라 콤플렉
스'이다.

좋은 게 좋은 거라고?

아동정신분석가인 멜라니 클라인은 논문집《시기심과 감사Envy
And Gratitude And Other Works》에서 카산드라의 역설에 대해 설명했
다. 사람들은 좋지 않은 진실을 거부하는 경향이 있는데, 이는 인
간이 보편적으로 가지고 있는 '부정denial'이라는 자기방어 기제이
다. 특히 갈등을 일으키는 부정적인 정보를 접하면 일단 "그건 사
실이 아니야" "그런 일이 일어날 리 없어"라고 부정하게 된다.

이는 정상적인 사람들도 가지고 있는 기제로서 그 상황에서 느끼게 되는 고통에서 자신을 보호하기 위한 방어기제이다. 때로 피해망상적 불안과 함께 나타나는 부정은 망상과 같다. 그러다 보니 사랑이나 죄책감 같은 감정들을 억누르고 동정과 분별력을 약화시킨다. 결국 현실을 제대로 보고 판단하지 못하고 스스로 만든 망상 안에 갇히게 된다.

부정적인 것을 생각하면 불안해진다. 그러다 보니 부정적인 것 자체를 재수가 없다고 생각해 부정적인 것을 전혀 고려하지 않고 무조건 "좋은 게 좋은 것"이라는 식으로 행동할 수 있다.

융 학파의 분석가인 로리 샤피라는 《카산드라 콤플렉스The Cassandra Complex: Living with Disbelief》에서 카산드라 성향의 사람들이 다른 이들이 보지 못하는 어둡고 고통스러운 면들을 보고 부정적인 결과를 예측하지만, 다른 이들은 이를 받아들이지 않는 경향이 있다고 설명했다. 이후에 카산드라 콤플렉스는 경제, 정치 등 여러 분야에서 "올바른 진실을 말하고 경고하지만 아무도 믿지 않는 상태"를 표현하는 용어로 사용되기 시작했다.

카산드라의 비극은 얼토당토않은 예언을 했기 때문이 아니라, 사람들이 믿고 싶어 하지 않는 불행한 진실을 알고 그것을 밝혔다는 데 있다. 이런 사람들은 신화에서뿐 아니라 오늘날에도 환영받지 못한다. 부정적인 것을 경고할 때 이것이 받아들여지지 않고 도리어 무시되는 일은 인간의 역사에 비일비재하게 나타난다.

일례로 2차 세계대전 당시 스탈린은 독일의 공격에 대한 경고를 믿지 않았다가 엄청난 피해를 입었다. 당시 스탈린은 히틀러가 공산주의를 증오한다는 것과 동쪽으로 세력을 확장시키고 싶어 한다는 것을 알고 있었다. 그러나 소비에트 연방의 군사력으로는 독일과의 전쟁에서 승산이 없었기에 스탈린은 나치 독일에 맞서는 대신 유화정책을 펴기로 했다. 독일군에게 원자재를 제공하는 등 독일을 달래서 전쟁을 피하려던 것이었다.

그러나 스탈린의 노력과 상관없이, 히틀러는 소비에트 연방을 공격할 계획을 세우기 시작했다. 소비에트의 첩보원들은 곧 그 계획을 알아차리고 모스크바로 정보를 보냈지만 스탈린은 보고를 받고 나서도 유화정책을 고집하며 전쟁에 대비하지 않았다. 1941년 6월 11일 처칠이 독일의 공격 정보를 전해주었지만 이조차 무시되었다. 결국 처칠의 정보가 전달된 지 2주가 채 안 된 6월 22일, 독일군은 동맹국이었던 소비에트 연방을 공격했다. 첩보원들과 처칠의 지속적인 경고를 무시한, 처참한 결과였다.

자신이 기존에 가지고 있던 신념과 생각을 고집하며 진실을 기반으로 한 부정적인 정보를 믿지 않으려 하는 경향은 특히 리더들에게 치명적이다. 리더들은 대개 스스로 넓은 시야와 통찰력이 있다고 생각하기 때문에 외부의 부정적 정보에 귀 기울이지 않을 가능성이 더욱 크다.

좋지 않은 소식을 전하는 자, 살아남지 못하리

1차 세계대전 전에 독일 참모총장 알프레트 폰 슐리펜 장군은 이러한 문제를 명확하게 간파했다. 그는 "높은 위치의 사령관은 대개 동지와 적에 관한 그림을 가지고 있다. 들어온 보고가 자신이 가지고 있는 그림과 일치하면 만족하면서 받아들인다. 그것이 자신의 그림과 맞지 않을 경우 전적으로 잘못된 것으로 치부해버린다"고 말했다.

한 예가 진주만 공습이다. 1941년 12월 7일, 모두를 놀라게 한 일본 해군의 진주만 공습은 미국 역사상 최악의 정보전 실패 사례이기도 하다. 이날 하와이에 있는 미 해군기지에 353대의 일본군 비행기가 폭격을 가하여 2,402명의 사망자와 1,282명의 부상자가 발생했고 16대의 군함과 188대의 미국 항공기가 파괴됐다.

그들은 공격 낌새를 전혀 눈치채지 못했을까? 아니다. 공격 사흘 전 아침, 미국 해군 정보사무실로부터 26쪽짜리 비밀문서가 루스벨트 대통령 책상에 도착했다. 보고서에는 일본군이 서부 해안과 파나마운하, 그리고 진주만 공격이 벌어진 하와이 영토에 대한 첩보전에 집중하고 있다는 경고가 적혀 있었다.

일본의 공격에 대한 정보를 가지고 있었음에도 미국 정부는 일본이 진주만까지 와서 공격하리라고 생각하지 않았다. 일본의 다음 목표가 필리핀이라고 확신한 미국은 맥아더 사령관의 지휘

아래 군대를 필리핀에 주둔시켰다. 심지어 공습 소식이 도착했을 때 해군장관 프랭크 녹스는 이것이 사실일 리 없다며, 여전히 일본의 공격 목표는 필리핀일 것이라고 말했다.

만약 미국이 보고서의 경고를 심각하게 받아들이고 관련 영토의 방어를 강화했다면 진주만 공습과 같이 무방비 상태로 공격당하는 일은 없었을 것이다. 원래의 예상과 생각에 얽매여서 중요한 경고를 받아들이지 못하는 카산드라 콤플렉스가 작용한 것이다.

부정적 진실을 부인하는 경향이 어디 군사적·정치적 문제에만 국한되겠는가. 인류 역사 어느 페이지를 펼치든 일상의 어느 면을 돌아보든 나타나는 현상이다. 히틀러는 책상에서 항공기 사진들을 쓸어버렸다고 한다. 공중전에 능한 적군의 힘을 보여주는 부인할 수 없는 증거였기 때문이다. 이집트의 파라오는 좋지 않은 소식을 가져오는 사람을 죽였다. 전령을 죽인다고 나쁜 소식 자체가 사라지지 않는다는 사실을 파라오라고 모를 리 없건만 피를 뿌리면서까지 비관적인 현실을 피하고 싶었던 것이다.

지나친 낙관이 부른 재앙

투자자들은 자신이 투자한 프로젝트의 리스크에 대해 면밀히 살펴야 하지만, 투자하기로 마음이 기운 후에는 실패 가능성을 일일이 듣고 싶어 하지 않는다. 재난방지에 대해 연구하는 과학자들, 공중보건 서비스 종사자들에게도 카산드라 콤플렉스는 매우 흔하다. 그들은 지속적으로 공중보건 기반시설을 구축해야 한다고 촉구하지만, 공중보건 시스템은 국민과 정치인들의 무관심 속에 지원 부족에 시달리고 있다.

기업은 또 어떤가. 영국 크랜필드 경영대학원의 필립 데이비스는 비전 수립 과정에서 카산드라 콤플렉스의 위험을 언급한 바 있다. 기업의 비전은 지금보다 더 발전적인 조직의 미래를 보여주는 중요한 과정이다. 일례로 미국의 케네디 대통령은 달에 미국인을 보내겠다는 비전을 제시해 우주 전쟁에서 소련에 밀려난 위기감을 타개하고 국민을 단합시켰다.

기업의 비전은 구성원 및 주주, 기타 이해관계자들에게 조직이 어디로 가고 있는지, 그리고 왜 그 방향으로 나아가고 있는지를 명확히 보여주어야 한다. 그러나 모두가 공감할 수 있는 비전을 세우기란 쉬운 일이 아니다. 비전을 이루는 방법을 제시하기 어렵기 때문이기도 하지만, 더 중요한 이유는 새로운 비전이 실현 가능하다고 믿는 사람이 많지 않기 때문이다.

생각해보라. 인공위성을 쏘아 올리며 승승장구하던 소련보다 먼저 달에 가겠다고 하는 비전을 두고 실현 가능성이 크다고는 할 수 없다. 만약 미국인들이 그 비전을 허무맹랑하다고 치부했다면 케네디는 카산드라가 되었을 것이다. 마찬가지로 리더가 보기에 충분히 타당한 비전을 제시해도 구성원들이 이를 믿고 받아들이지 않으면 리더는 거짓말쟁이 카산드라가 될 뿐이다. 데이비스는 이처럼 리더가 기업 내부의 신뢰를 받지 못하는 상황을 카산드라 콤플렉스를 들어 설명했다.

6.25전쟁 이후 한국에서 1,500여 명이라는 가장 많은 사상자가 발생한 삼풍백화점 붕괴 사건은 리더의 카산드라 콤플렉스가 얼마나 큰 피해를 가져올 수 있는지 보여주는 비극적인 사례이다.

삼풍백화점 자리는 애초에 백화점을 지을 수 없는 아파트용 부지였다. 하지만 삼풍건설산업의 회장은 담당자들에게 뇌물을 주어 용도를 변경하였다. 설계 당시 백화점은 대단지 종합상가로 계획되어 있었다. 하지만 완공될 무렵 시공사에 백화점으로 변경해달라는 요청이 있었다고 한다. 건물의 붕괴 위험이 있다는 이유로 시공사 측이 이를 거부했지만 경영진은 이를 전혀 귀담아듣지 않았으며 불법으로 공사를 진행하게 했다.

시작부터 문제가 많았지만 더욱 가관인 건 백화점으로 용도를 바꾼 후의 부실시공과 건축이다. 매장 공간 확보를 위해 건물의 무게를 버텨주는 상가 건물의 벽을 없애고 기둥의 넓이를 줄였다. 또한 4층까지만 설계해두었던 것을 5층으로 변경했으며 완공 후에도 잦은 인테리어 변경과 확장 공사를 했다. 게다가 키즈랜드로 만들려고 계획했던 5층을 식당가로 변경하면서 하중이 크게 증가했으며 식당가의 무게는 1톤 트럭 1,200대 이상을 올려둔 것과 마찬가지였다. 여기에 지하 공간 확보를 위해 냉각탑을 옥상에 설치해 하중이 추가되었다.

건설회사의 리더들이 "설마 건물이 무너지겠어?"라는 안일한 생각으로 위와 같은 만행을 저질렀다고 치자. 그렇다면 실제로 붕괴의 조짐이 나타났을 때는 어떻게 반응했을까? 삼풍백화점의 붕괴 조짐은 너무나도 명백했다. 개장 초기부터 진동이 울리고 물이 새는 등 징조가 나타났지만 이는 모두 무시되었다. 건물 중앙홀과 레포츠센터의 균열이 참사 전까지 지속해서 늘었으며 참사 1년 전에는 크고 작은 사고가 셀 수도 없을 정도로 많았지만 이러한 징조 역시 심각하게 받아들여지지 않았다.

붕괴 당일에는 건물의 뼈대가 구부러지는 현상으로 건물 자체가 기울기 시작했다. 삼풍백화점 대표이사와 경영진이 대책 회의를 한 건 사고 당일인 1995년 6월 29일이었다. 사고 당일 대표이사는 5층 식당 주인의 다급한 전화를 받았다. 바닥에 2미터가량의 돌출 부분이 생겼으며 천장이 내려앉고 있다는 내용이었다.

대표이사가 현장에 도착했을 때는 이미 천장에서 물이 쏟아져 나오고 바닥이 내려앉기 시작한 후였다. 건물 붕괴 약 2시간 전에 긴급대책회의가 열렸다. 이때 현장 소장은 "점검 결과 건물의 안전에 중대한 이상이 발견되었으니 빨리 긴급보수를 해야 한다"라고 말하며 영업 중지와 고객 대피를 주장했다고 한다. 그러나 경영진은 이 말을 끝까지 듣지 않았으며 열띤 회의 결과, 그날 영업 종료 이후 보수 공사를 하자는 결론을 내렸다.

영업 중 사람들을 대피시키면 회사의 이미지가 실추되어 회사의 손실이 클 것이며, 몇몇 기술자들이 건물 붕괴의 위험은 크게 없고 보수 공사를 하면 된다는 의견을 냈으니 이를 믿겠다는 것이었다. 건물이 붕괴할 것이라는 두려운 결과를 직면하고 싶지 않았던 것이다.

결국 그날 영업도 마치지 않은 이른 저녁에 백화점은 20초 만에 완전히 무너져버리고 말았다. 수많은 사람의 경고는 물론이고 심지어 붕괴의 명확한 징조를 보고도 이를 부정한 리더들의 카산드라 콤플렉스는 1,500명의 사상자라는 최대의 비극을 만들었다.

오래전 셰익스피어는 〈트로일러스와 크레시다〉에서 다음과 같이 표현했다. "그래도 내 마음에는 아직 믿음이 있다, / 고집스럽게 강한 희망이 / 이 믿음과 희망은 내 눈과 귀를 가린다yet there is a credence in my heart, / An Esperance so obstinately strong,/ That doth invert th'attest of eyes and ears." 부정적 현실 앞에서 눈과 귀를 가리는 인간의 기질은 바뀔 수 있을까? 사실과 정보의 논리정연함이 희망적 관측을 뒤엎을 수 있을까? 쉽게 대답하기 어려운 질문이다. 희망에 대한 열망이 깊지 않을 때에만 가능하지 않을까. 진실을 따르는 결과가 너무 괴롭다면 증거들은 무시되거나 억눌리거나 부정되기 십상이다.

부정적인 정보를 피하고 싶고 좋은 것만 기대하고 싶은 것은 어려움 속에서도 그것을 헤쳐갈 수 있게 만드는 인간의 긍정적인 측면이다. 그러나 너무 안일하게 긍정적인 부분만을, 그리고 희망만을 생각한다면 대처할 수 있는 위험에 소홀해질 수 있다. 그리스인들의 선물을 조심하라는 카산드라 충고를 트로이의 정책 입안자들이 귀담아들었다면 어땠을까? 오늘날 우리가 그리스의 문화를 기억하는 대신 트로이의 역사와 문화에 대해 이야기하고 있을지도 모를 일이다.

부정적 정보의 쓸모

인간은 기본적으로 낙관적 편향을 가지고 있다. 오늘 집을 나설 때 하늘에서 뭔가 날아와서 내 머리 위로 떨어지는 것은 아닌가, 교통사고로 사망하는 사람이 하루에 얼마나 많은데 내가 타는 버스가 혹시 사고가 나는 것은 아닌가, 높은 빌딩 아래를 지나가면서 빌딩이 무너지는 것은 아닌가 같은 두려움을 가지고 하루를 살아가는 사람은 거의 없다. 이런 낙관적 편향 덕분에 하루하루 편안하게 생활할 수 있다. 그러나 지나친 낙관성은 문제가 될 수 있다. 그저 지금만 편하겠다고 하다 보면 미리 계획하지 못한다. 나쁜 결과는 아예 생각조차 하지 않는다. 아니, 어쩌면 생각하고 싶지 않았을 것이다.

눈을 가린다고 현실이 사라지지 않고 귀를 막는다고 진실이 바뀌지 않는다. 마냥 좋은 게 좋은 것이 아닐 수 있다. 내게 오는 위험은, 대비할 수만 있다면 나를 더 성장시켜주는 계기가 될 수 있다.

조금은 부정적인 정보에 민감할 필요가 있다. 근거 없는 낙관성에서 벗어나 다가올 위기나 위험에 민감하게 감지하고 이를 위해 준비하는 태도를 가지는 것이 현명한 태도 아닐까 싶다. 험난한 세상에서는 유비무환이라는 고루한 성어를 마음에 새기는 것이 더욱 필요한 것 같다.

18

완벽하지
못한
완벽주의자

노벨상 콤플렉스
Nobel Prize Complex

이 문턱만 넘으면 엄청난 성공이 기다리고 있다. 그런데 매번 성공의 문턱에서 좌절한다. 더 큰 꿈을 꾸어야지, 어제보다, 남보다 더 노력해야지, 그렇게 열정을 쏟아도 성공은 손에 잡히지 않는다. 이러다가 정말 미쳐버릴 것만 같다.

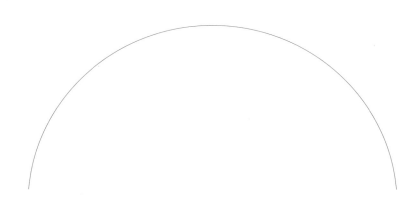

어느 노벨상 후보자의 35번의 좌절, 그리고 죽음

스웨덴의 사업가였던 알프레드 노벨은 17세에 5개 국어를 유창하게 구사한 영재이자 뛰어난 발명가였다. 그의 최고 역작은 다이너마이트와 노벨상이다. 그의 유지에 따라 1901년부터 수여되기 시작한 노벨상은 물리학, 화학, 생리의학, 문학, 평화, 경제학 분야까지 총 6개의 분야로 전 세계적으로 두각을 나타낸 사람에게 수여되는 영예로운 상이다.

수상자에게 노벨상의 의미는 단순한 명예를 뛰어넘는다. 학자들이 받을 수 있는 가장 명성 높은 상으로, 이 상을 받으면 다른 학자들이 자신의 연구를 참조하게 되고 그만큼의 영향력을 갖게 된다. 적지 않은 상금을 받고 자신만의 연구를 할 기회가 생기는 등 활동의 자유도 커지게 된다. 이 때문일까, 노벨상 수상자들은 상을 받지 못한 학자들에 비해 수명이 좀 더 길다고 한다.

하지만 영광의 뒤에는 그만큼의 절망이 따르는 법. 수상 문턱에서 좌절한 사람들에게는 노벨상 후보였다는 경험이 오히려 악영향을 미치기도 한다. 자신의 업적이 노벨상을 받을 정도는 아니라는 것을 알게 됐을 때 학자들은 자신의 연구에 회의를 느끼며 낙심하기 때문이다.

일례로 화학 분야에서 최초로 공유결합 모형을 설명한 길버트 루이스는 노벨상 후보로 35번이나 올랐으나 수상하지 못했는데, 그의 갑작스러운 죽음을 두고 많은 이들이 그가 수상 실패의 좌절감을 이기지 못한 것이라 말하기도 한다.

더 큰 문제는 노벨상에 대한 집착이 학자들의 열정과 진실성을 빼앗아간다는 데 있다. 어떤 이들은 자신이 노벨상을 받을 만한 가치가 충분하다는 자아도취적인 기대를 버리지 못한다. 또한 버거운 목표를 세우고는 이것 때문에 극심한 불안감을 느끼기도 한다. 이런 성향을 가리켜 정신분석학자 헬렌 타르타코프는 '노벨상 콤플렉스'라고 명명했다.

평범한 성공으로는 절대 만족할 수 없어

학자들뿐 아니라 우리 주위에도 자신의 능력보다 훨씬 높은 목표를 잡고 이를 성취하기 위해 쉼 없이 노력하지만 항상 불안해하는 이들이 있다. 타르타코프는 내적으로 비어 있고 불확실한 자아에서 생기는 자아도취적 성향이 노벨상 콤플렉스의 원인이라고 설명한다. 이 콤플렉스를 가진 사람들은 겉으로는 성공적이고 노력하는 모습을 보이지만, 이는 순수한 열정이라기보다는 다른 사람들로부터의 인정과 인기를 얻고 영광을 누리기 위한 과시욕의 발로라 할 수 있다.

노벨상 콤플렉스를 가진 사람들은 자신이 무엇이든 할 수 있고 성공할 수 있다고 생각해 어려운 도전을 하려고 한다. 이들은 사람들의 지속적인 사랑과 관심을 받기 위해 표면적인 부분을 중요하게 생각하지만, 정작 외적인 성취가 스스로에게 깊은 만족감을 주지는 못한다. 그래서 더욱 다른 사람의 평가에 민감하게 반응한다. 사람들이 항상 자신을 대단하게 보고 존경해야 하며, 부정적 피드백을 받으면 분노나 열등감, 수치심, 공허함에 빠지기 쉽다.

이런 증상으로 보면 노벨상 콤플렉스는 '자기애성 성격장애 narcissistic personality disorder'와 흡사하다. 자기애성 성격장애 환자는 무한한 성취욕으로 가득 차 있고 주위 사람들로부터 존경과 관심을 받으려고 애쓴다. 성공을 위해서는 사기꾼 같은 행동을 불사하기도 한다. 스스로 천재라고 생각하는 경우가 대부분이고, 예술이나 학문 분야 전문인들에게 주로 찾아볼 수 있다.

드 브리스 교수는 노벨상 콤플렉스의 특징을 한마디로 "완벽함의 추구, 실패와 실수에 대한 두려움"이라고 설명했다. 이들은 자신이 설정한 목표를 거의 이루었다 하더라도 만족하지 못한다. 남들은 하나도 못하는 것을 본인은 9개를 해두고, 해내지 못한 그 하나 때문에 괴로워한다. 그 누구도 이룰 수 없는 비현실적인 기준을 세우고 자신을 채찍질한다.

목표가 비현실적이니 실패는 당연한 결과이지만, 이들은 실패에서 자괴감을 느끼고 파괴적인 행동을 한다. 어떻게든 목표를 이뤄내라며 자신을 벼랑 끝으로 더욱 밀어붙이고, 다른 사람들이 자신의 작은 단점을 비웃을까 봐 두려워 스스로 사회로부터 고립시킨다. 완벽해지기 위해 외로움을 택하는 것이다.

완벽주의자인 이들은 평범한 성공으로는 만족하지 못하는 게 문제이다. 성공과 업적이 완벽하지 않으면 자신은 가치 없는 존재라고 생각한다. '이것 아니면 저것' 식의 양자택일적 사고와 흑백논리에 빠져 있기 때문에 판단력도 떨어질 수밖에 없다. 게다가 이런 잣대를 다른 사람들에게도 역으로 적용시키는 경우도 있다.

스스로에게 지나치게 엄격하기 때문에 자신에게서는 단점만 보고, 반대로 다른 사람에게서는 장점만 눈에 들어온다. 남들은 실수를 거의 하지 않고 스트레스도 덜 받으며 최상의 자신감을 무장해 성공을 이룬다고 생각하기도 한다.

결국 이들이 그려가는 삶의 궤적은 지나치게 높은 목표 설정과 그 달성을 위한 끝없는 반복이다. 세운 목표가 워낙 높기에 이에 조금이라도 도달하지 못한 것 같으면 자신의 능력을 과소평가한다. 이 때문에 자존감이 낮아지고 불안해하며 판단력이 저하되고 우울증이 생겨서 설령 성공하더라도 기뻐하지 못하고 결국 다시 실패한다. 그러면 다시 자존감이 낮아지는 악순환의 연속이다.

그렇다고 성공을 거두었다고 무작정 행복한 것도 아니다. 자기 장점을 인정하지 않으니, 성공했다 하더라도 실력으로 당당하게 얻은 성과라고 생각하지 않고 자신을 운 좋은 사기꾼이라 여기기도 한다.

이처럼 노벨상 콤플렉스를 가진 사람들은 심리적 압박에 시달린다. 그래서 매사 공격적으로 목표에 매진하기도 하지만, 반대로 게으름을 부리는 경우도 많다. 자신이 완벽하게 과제를 수행하지 못했을 때 뒤따를 비판에 취약하기 때문에, 무엇 하나 결정하려면 신물 나도록 신중하게 생각하며 시간을 보내는 것이다. 실패에 대한 두려움이 그들을 짓누르기 때문에, 역설적으로 성취 가능성이 있는 목표도 이루지 못하고 실패를 자초하게 된다.

마지막 문턱만 넘으면 되는데

타인의 관심과 평가의 대상이 되고 대중 앞에서 잘해야겠다는 생각이 들면 불안을 느끼게 마련이다. 하지만 노벨상 콤플렉스를 가진 사람들은 일반적 수준보다 더 높은 불안을 느낀다. 이들은 조직에서 낮은 위치에 있을 때부터 노벨상 수상만큼 원대한 목표를 세우고는 스스로를 압박한다. 그만큼 일도 잘하고 성공적인 커리어를 쌓는다. 그러다 막상 높은 지위에 올랐을 때는 실패에 집착하고 두려워한다. 실패할 수밖에 없는 상황을 만들어놓고는 이를 커다란 실패로 받아들여 자학하는 것이다.

일각에서는 노벨상 콤플렉스의 원인을 부모와의 관계에서 찾기도 하는데, 충분히 일리가 있는 설명이다. 일반적으로 이들은 '잘난 부모' 밑에서 자란 경우가 많다.

첫째 아이에게서 두드러지게 나타나는데, 부모의 큰 기대가 영향을 미치기 때문일 것이다. 경쟁심 있는 부모는 아이를 완벽주의자로 키우는 경향이 있으며, 이런 부모의 가치관을 아이가 내면화하면 스스로 완벽해지고 최고가 되고자 노력하게 된다.

부모보다 잘하고 싶다는 욕심과, 그렇지 않으면 부모가 자신을 거부할지 모른다는 두려움이 혼재된 경우도 많다. 성공에 대한 열망과 두려움이 혼재된 애매모호한 상태가 계속되면서 자신이 이룬 업적이 정말 대단한 것인지 의심하고, 그것을 중요하지 않게 여기는 것이다.

 '일본의 파스퇴르' '일본의 슈바이처' 등 의사라면 누구나 탐낼 법한 영예로운 수식어로 불리던 노구치 히데요. 일본 1천 엔권에 실릴 만큼 일본인들에게 큰 사랑을 받은 그는 20세기 전 세계적으로 가장 촉망받던 의사이자 세균학자였다.

 후쿠시마현에서 가난한 술꾼 농부의 아들로 태어난 노구치는 어린 시절 입은 화상으로 왼손에 장애를 가지고 있었다. 물건을 집을 수조차 없을 정도로 심각했던 장애 때문에 노구치는 따돌림을 당했다. 다행히 초등학교 진학 후 선생님과 친구들의 도움으로 수술을 받을 수 있었고, 이를 계기로 교사의 꿈을 접고 의사가 되기로 결심한다.

 1900년, 노구치는 미국으로 건너가 사이먼 플렉스너 교수 아래에서 독성 연구를 시작하고, 이후 록펠러의학연구소의 연구원이 되어 독성과 미생물 분야에서 두각을 나타낸다. 노구치는 뱀독의 메커니즘을 다룬 《뱀의 독》을 출간하여 인정과 명성을 얻는다. 1913년에는 매독 병원체인 스피로헤타spirochaeta에 속하는 트레포네마 팔리덤Treponema pallidum을 발견하고 1915년에는 매독균의 원인을 밝혀낸다.

 그뿐만 아니라 광견병, 소아마비, 황열병 등 여러 질병들의 병원체를 세계 최초로 줄줄이 발견해냄과 동시에 200편이 넘는 엄청난 양의 논문을 발표하면서 세간의 주목을 받는다. 이로써 노구치는 1913년부터 1927년까지 노벨상에 무려 9번이나 후보로 거론되는 인물로 거듭나게 된다.

아쉽게도 노벨상 수상은 못했지만 그는 10년이 넘는 긴 세월 동안 아프리카에서 황열병 연구를 이어갔고, 1928년 황열병에 감염되어 52세의 나이로 사망한다. 노구치는 죽음을 맞이하는 순간까지 이상적인 과학자의 삶을 살았고, 이에 록펠러의학연구소는 그의 사망을 애도하며 흉상을 만들기까지 했다.

노구치 히데요의 죽음은 앞으로도 영예롭게 기억될 것만 같았다. 하지만 얼마 지나지 않아 그에 대한 평가는 반전을 맞이하게 된다. 그의 최대 업적으로 알려진 황열병은 그 당시 존재가 밝혀지지 않았던 바이러스가 원인이었다. 노구치는 황열병이 스피로헤타 박테리아에 의해 발생한다고 믿고 이를 증명하기 위해 애썼지만, 자신의 가설이 틀렸다는 것을 알게 되자 명성이 위태로워질 것을 직감한다.

노구치는 연구가 잘못됐다는 것을 알면서도 현미경으로 바이러스를 봤다고 주장하며 서둘러 연구를 발표하기에 이른다. 하지만 당시 그가 사용했던 현미경은 황열병 세균 발견이 불가능했던 것이었고, 그가 죽은 이후 바이러스의 존재가 알려지면서 노구치의 연구 결과가 허구였다는 것이 드러났다.

노구치의 도덕성 또한 논란의 대상이 되었는데, 그가 했던 매독균 연구는 인체 실험을 기반으로 했던 터였다. 노구치는 1911년부터 1년간 록펠러의학연구소에서 매독균 항원으로 만든 약물을 사람에게 주사해 피부 반응을 통한 감염 여부 검사 실험을 진행했는데, 실험 대상자에는 만 2~18세 미성년 고아도 다수 포함되어 있었다. '생체 해부 실험 반대 운동'에서 그의 시험 윤리를 문제 삼아 언론에 폭로했지만, 당시 록펠러의학연구소는 이미 노구치와 병원 동료들이 자신들에게 투여해 안전성을 검증했다고 주장했다. 하지만 얼마 지나지 않아 그가 먼저 자신에게 주사했다는 거짓말은 들통났다.

처음 뱀독 연구를 시작했던 것도 빠른 성과를 얻기 위해서였다는 점에서 한평생 '더 큰 성과'에 목말라 있었던 노구치의 콤플렉스를 엿볼 수 있다. 과학계에 혜성처럼 나타났지만 노구치는 자신만의 감옥에 갇혀 희대의 사기꾼으로 남게 된 것이다.

"I WAS PERFECT"

노벨상 콤플렉스로 인해 정신질환까지 얻은 전형적인 사례로 존 내시가 있다. 그는 1994년 노벨 경제학상을 수상한 천재 수학자였지만, 노벨상을 수상한 66세까지의 삶은 최고에 대한 열망과 절망이 교차하는 격랑의 연속이었다.

내시는 다른 학자들이 풀지 못한 문제들에 도전해 증명하는

데 성공했지만 최고의 수학자들에게 주어지는 필즈상을 받지 못했고, 그 충격으로 조현병을 앓았다. 훗날 그의 삶은 실비아 네이사의 전기와 〈뷰티풀 마인드〉라는 영화로 만들어지기도 했다.

그는 교육열이 남달랐던 부모 밑에서 자랐고 어릴 적부터 수학에 뛰어난 재능을 보였다. 고등학생이었을 때 이미 미국 상위 10위 안에 드는 수학 천재로 조지웨스팅하우스상을 받는 등 승승장구했다. 그의 박사학위 논문 주제는 잘 알려진 대로 게임이론이었고, 교수가 된 후에도 미분기하학에 관련된 난제를 푸는 등 수많은 업적을 세웠다.

그러나 무엇이 문제였을까. 뛰어난 재능과 성공에도 불구하고 그는 필즈상을 수상하는 데는 번번이 실패했다. 항간에는 그가 너무 젊어서 배제됐다는 이야기도 들린다. 원하던 상을 받지 못하자 그는 수학자로서의 명성이 떨어질까 봐 불안해했다.

결국 그는 조현병을 앓게 되고, 정신병원에 강제로 입원했다가 증상이 호전돼 복직했다가 다시 발병하기를 반복하며 가정이 해체될 위기에 처했다. 다행히 아내와 동료 학자들의 도움으로 그는 정신분열 증상에서 서서히 벗어났고, 게임이론이 경제학에서 재조명되면서 1994년 경제학 부문에서 노벨상을 받게 되었다.

그는 한때 세계에서 가장 영향력 있는 수학자로 명성을 떨쳤다. 그러나 스스로 세운 높은 기준과 완벽주의 때문에 만족하지 못하는 삶을 살았다. 노벨상을 받기까지의 순탄치 못한 그의 삶은 노벨상 콤플렉스의 전형이라 할 것이다.

이처럼 노벨상 콤플렉스는 지적으로나 예술적으로 타고난 재능이 뛰어난 이들에게서 주로 나타난다. 자아가 일찍 발달한 조숙한 아이들에게서 많이 보이며, 오이디푸스적 갈등을 해결하는 심리적 기제로 이런 콤플렉스가 나타나기도 한다. 부모의 높은 기대에 부응해 "대통령이 될 거야" "노벨상을 탈 거야" 같이 현실성이 떨어지는 목표를 세우고, "나는 특별하다"는 판타지 속에 살기도 한다.

그러나 이런 강박이 반드시 병적인 것은 아니다. 내시는 조현병 증세를 보였지만, 헬렌 타르타코프는 노벨상 콤플렉스가 반드시 정신질환으로 이어지지는 않는다고 보았다. 노벨상 콤플렉스는 질환이라기보다는 그 사람의 삶에 스며들어 개성의 일부를 이루고 있다고 보는 편이 맞을 것이다. 그러다 보니 사람에 따라 심하게는 정신질환까지 앓을 수도 있다는 것이다.

괴팍할 정도로 완벽한 경지를 열망하는 이들로 예술가를 빼놓을 수 없다. 악마에게 영혼을 팔아서라도 최고가 되고 싶다는 예술가들의 파괴적인 욕망을 그린 영화로 〈블랙 스완〉이 있다. 뉴욕 발레단의 젊은 발레리나 니나가 〈백조의 호수〉에서 백조와 흑조 일이이역을 맡으며 일어나는 일을 그리는 작품이다.

순수하던 그녀는 관능적인 흑조로 완벽히 변신하기 위해 정체성을 포기했지만 주연 자리를 빼앗길 위기에 처하자 망상에 빠져 삶은 산산조각 나고 죽음을 맞는다. 자신의 모든 것을 던져 최고의 백조와 흑조 연기를 펼치고 무대 뒤로 쓰러진 그녀의 마지막 말은 "나는 완벽했어요I was perfect"였다.

마지막 대사처럼 그녀의 목표는 단 하나, 완벽해지는 것이었다. 완벽의 상징인 스완퀸이 되기를 갈망했다. 그녀의 열망은 집착 수준이어서 당시 스완퀸이던 베스의 물건을 훔치면서까지 베스처럼 되고 싶은 갈망을 품고, 그렇게 되지 못할까 봐 초조해하는 불안을 드러낸다.

이 영화의 주인공으로 2011년 아카데미 여우주연상을 받은 내털리 포트먼도 완벽주의 성향을 보인다. 내털리 포트먼은 연기력과 외모뿐 아니라 하버드대학교를 졸업한 것으로도 유명하다.

그녀는 13세에 영화 〈레옹〉에서 마틸다 역을 맡으며 어린 나이에 화려한 데뷔를 했다. 당시 대배우였던 장 르노와 게리 올드먼 사이에서 존재감을 보여주며 단숨에 할리우드 배우로 자리매김했다. 이후 그녀는 다양한 장르에서 다채로운 캐릭터를 소화해내면서 대중으로부터 연기력을 인정받았다.

그녀가 하버드대학교에 진학했을 때, 항의문서가 제출될 만큼 그녀의 입학에 대해 논란이 있었다. 연기 전공이 아닌 심리학부로 진학을 했기 때문이다. 하지만 그녀는 꿋꿋이 심리학 전공으로 졸업했다.

대학을 졸업한 지 12년 후, 내털리 포트먼은 하버드대학교 졸업식의 축사를 맡았는데 이때 그녀의 축사는 많은 졸업생의 공감을 샀다. 그녀는 "졸업한 지 12년이 지났지만 나는 아직도 나 자신의 가치에 대해 불안함을 느낀다"라고 말했다. 덧붙여서 말하길, 자신이 다른 신입생들을 비해 똑똑하지 못다고 여겼다고 한다. 혹여 자신의 유명세로 인해 입학이 가능했던 것이 아닐까 생각했다고도 말했다. 출중한 능력과 노력으로 정당하게 큰 성과를 얻었지만 그저 운이 좋아서 이 자리까지 올 수 있었다고 생각했던 것이다.

그녀는 심지어 자신이 멍청한 여배우가 아니라는 것을 증명하려고 일부러 신경생물학 강의나 고급 히브리어 문학 수업 등 어려운 수업만 선택해서 수강했다고도 말했다. 타인의 시선을 고려해, 자신이 듣고 싶거나 흥미가 있는 수업이 아닌 난해하고 어려운 수업만 고른 것이다. 어릴 때 성공을 거두고 그로 인해 더 완벽해야 한다고 스스로를 몰아붙인 것이다.

나의 앞길을 가로막는 것은 나

〈블랙 스완〉에서 경쟁자가 자신을 망치려 한다고 불안해하는 니나에게 감독 토머스는 이렇게 말한다. "네 앞길을 가로막고 있는 유일한 사람은 너야." 노벨상 콤플렉스의 완벽주의에 대한 갈망

• 노벨상 콤플렉스 •

269

과 불안이 불러오는 결과를 단적으로 드러낸 말이 아닐 수 없다.

완벽이란 인간이 결코 가질 수 없는 것은 아닐까 싶다. 인간이 할 수 있는 일이란 완벽에 좀 더 가까이 가고자 끊임없이 노력하는 것뿐이다. 어차피 완벽은 없으니 대충하라는 것은 절대 아니다. 정상에 도달하기 위해서는 어떤 분야든 완벽에 가깝게 해내는 노력과 성실함, 인내력이 필요하다.

그러나 내 인생을 다 희생해서 해내는 것이라면 고통이 크다. 그래서 그만큼의 성과로 보상받고 싶어진다. 반드시 성공해야 하고 거기에 따른 보상이 주어져야 한다는 믿음이 강해진다. 그러다 보니 결과가 따르지 않을 때 억울함과 분노, 운명에 대한 배신감, 자책감 등으로 괴로울 수밖에 없다. 좌절하고 불안감과 두려움으로 가득찬 인생일 뿐이다.

지나친 성과주의, 결과주의를 추구할 게 아니라 그 과정 자체를 즐길 수 있어야 한다. 때로는 과정이 결과보다 더 값진 가치를 지닌다. 가질 수 없을 것 같고 이룰 수 없을 것 같지만, 그 과정을 성실한 노력으로 채우다 보면 뜻밖의 성공이 다가오기도 한다. 결과에 너무 집착하지 말자. 목표를 향해 다가가고 있는 자신을 격려해주고 위로해주면서 나아가는 것이 필요하다. 인생을 유연하게 운전할 줄 알아야 한다. 느림보이지만 그래도 나아가고 있는 것 자체만으로도 순간순간 행복감을 느끼면서 살아가야지 않을까 싶다.

우리는 흔히 콤플렉스를 열등감의 다른 말로 쓴다. 이 책을 통해 콤플렉스에 대해 어느 정도 이해했다면 열등감과 콤플렉스를 구분할 수 있을 것이다. 열등감은 자신이 남보다 못하다거나 부족하다는 생각이다. 그런 생각이 나쁜 것만은 아니다. 열등감 때문에 더 노력하기도 한다. 그 과정에서 난관을 극복하고 해결할 수 있다.

문제는 이 열등감이 콤플렉스와 같이 작용할 때이다. 바로 열등 콤플렉스이다. 끊임없이 자신을 타인과 비교하고, 타인보다 내가 못하다는 생각에 스스로를 가치 없게 여기는 감정이다. 반대로 우월 콤플렉스도 있다. 열등감을 감추기 위해 다른 사람들보다 지나치게 우월하다고 여기는 감정이다. 어디서든 필요 이상으로 자기를 꼭 드러내야 하는 사람들이 있게 마련이다. 그러나 그들이 정말 자신감에 충만해서인지 살펴보면 꼭 그렇지만은 않다. 이렇듯, 콤플렉스를 이해하고 나면 나와 타인의 깊은 곳을 들여다보는 눈을 가지게 된다.

과거가 현재의 나를 만든다. 우리는 과거의 경험들을 지울 수 없다. 기억 속에서는 지워졌다 하더라도 자신이 겪은 어느 시간의 생각과 감정이 모여서 현재의 나를 만들어간다고 할 수 있다. 과거를 통해 성장할 수도 있지만 많은 경우 그 과거에 발목 잡혀 있다. 스스로 자각하지 못할 뿐이다. 본인이 의식하지 못하면서 우리의 사고, 언어, 행동에 영향을 주는 것이 바로 콤플렉스이다.

당신을 주저앉히던 힘이 당신을 다시 일으켜 세우는 힘이 될 수도 있다. 콤플렉스에 지배당할 것인지 콤플렉스를 활용할 것인지는 당신 선택에 달려 있다.